もうレシピ本はいらない
人生を救う最強の食卓

稲垣えみ子

プロローグ　だから会社を辞められた

50歳になったのを機に会社を辞めて、約1年が過ぎた。

会社を辞めるってことは、給料をもらえなくなるということだ。

そう、ロクな成果が挙げられなくても、上司と勇ましくケンケン対立しても、結局は給料日さえ来れば銀行口座に自動的にお金が振り込まれていたあのミラクルな日々！　それはもう終わったのである。

なのでほとんどの人から「モッタイナイ」と言われた。

いやいやいやいいんです。私はお金より時間を取ったんです！　だからこそ辞めたんです！……と言ったものの、誰よりも私が一番ファンであった。だってそんな「非ミラクル」な暮らしは、親元を出てこのかた全く経験したことがないのである。経験どころか想像するだけでも恐ろしい。というわけで、なんだかんだ言っても最終的には「エイヤッ」と勢いで辞めてしまったというのが本当のところなのだ。

ところがですね、結局のところどうなったと思います？

全くどうってことなかったのである。

私は今、何の不安もない。不満もない。これ以上の暮らしはないとすら思う。そう私は自由だ。鳥のように猫のように自由だ〜!!……と、誰もいない一人暮らしの小部屋で虚空に向かって叫びたい日々なのである。

で、それはなぜだと思います？

退職金があるから？　貯金があるから？

いやそれももちろんあります。だってこの日のために何年もかけて準備を重ねてきたんですから。そうですとも。最後の何年かはお金の計算ばかりしていた気がします。で、一生懸命お金を貯めてきましたとも。

しかしですね、お金なんていくら貯めたって安心できないものなのだ。それが証拠に、本屋さんへ行ってごらんなさい。もうそこいらじゅう、お金の本ばっかりです。ページをめくれば、老後は1億円あっても足りないとか、一流会社に勤めているあなたも油断していたら「下流老人」に転落するとか、そんな本が山ほど積まれているじゃあありませんか。先日なんて新聞を見たら、「タックス（税金）テロ」ってのがあるから気をつけろという本のデッカイ広告が。テロたあ穏やかじゃないね。しかし何かと思えば資産が5億円以内の「小金持ち」がターゲットになるからゆめゆめ準備を怠ってはならぬと……。いや5億円もあれば別にたくさん税金を払ったっていいじゃないと思うんですけどね。しかしそうじゃないと。気をつけろ、大変だ、テロだと……。つまりはキリがないんですな。お金というものはいくらあっても「足りない」という不安からは決して逃れられないわけです。

つまり、多くの人が「お金さえあれば安心」と思っているけれど、ことはそれほど単純じゃない。つまるところお金をいくら貯めても安心は得られない。ましてや「自由」なんて夢のまた夢なのであります。

で、私。

いやもう全然安心。全然自由。ハテそれはなぜなんだろうと改めて考えてみたわけです。

で、まさかの結論に気づいてしまったのでした。

私に自由をもたらしたのは、お金でもなく資産でもなく、特別な才能でもない。

「料理」だったんです。

料理ったって、なんちゃら風なんとかとか、そんな手の込んだものじゃないですよ。

詳しい経緯は後述しますが、所有していた膨大なレシピ本はほとんど処分してしまいました。なぜならレシピなんぞ全く見るまでもないような単純料理、すなわちメシ・汁・漬物を日々繰り返し作るようになったからです。

で、今の食生活はこんなかんじ。

調理時間は10分でチャチャッと。

材料費は1食200円程度。

特別なスキルもセンスも不要。

ワンパターンだから「今日は何作ろう」と頭を悩ませることもなし。

「作りおき」なんてする必要性ゼロ。


え、つまんないって？　食べる楽しみがなくなる？

いや確かにね、私もずっとそう思ってきた。ゴチソウこそは明日への活力と信じ、手の込んだ世界の料理をせっせと作り、雑誌や口コミ情報を熱心にチェックしては食べ歩きにも膨大なお金と労力を費やしてまいりました。

ところがですね、とあるきっかけからこんな食生活を始めてみたら、もう全く予期していなかったことなんだが、自分で言うのもなんですけど、この「超地味メシ」が走って家に帰りたくなるほどうまいんだ！　いや冗談じゃなくて。

つまりは何の手間もお金もかけずとも、実は何の苦労もなく「食っていく」ことができるんですよ。しかも最高にうまいものが。

だとすれば……あれ？　人生って何なんだろう。
私はなんのためにこれまで苦労したり我慢したりしてきたんでしょうか？

だってこれまで「豊かに生きるため」にまあまあ散々な努力をしてまいりました。幼い頃から教育ママに尻を叩かれ懸命に勉強し、受験戦争を必死に勝ち抜いて、それでも試練は終わらず、卒業するや高給を得られる会社に就職しようと頑張り、今度はせっかく得たその地位を失ってはならじと嫌なことがあっても不本意なことがあってもひたすら耐えてきた。まさしくどこまで続くぬかるみぞ！

しかしこれも全て豊かな暮らしのためと、自分なりに歯を食いしばってきたわけです。

ああそれなのに、そのことと「豊かに生きる」こととの関係は、実は全くなかったのかもしれないんですよ。だってよくよく考えたら、人間とは日々うまいものさえ食っていればもう相当に豊かに機嫌よく生きていけるのです。

これを言い換えるとですね、人が生きていくために必要なものなんて、実は全然大したことないってことに遅まきながら気づいてしまったわけです。そしてその「必要なもの」は高いお金を出さなければ買えないものでもなんでもなくて、それを作り出す力、すなわち「料理をする力」は全部、自分の中にすでに備わっていた。

となれば、人生に何の怖いものがありましょう？

こうして私は50歳にして「稼がねば」という無間地獄からついに脱出したのです。自由を得たのです。いや本当です。なんたって1食200円、余裕をとって月に2万円あれば十二分に食っていける。月2万円ですよ！　それなら何のスキルも能力もない中年女とて、仮に食い詰めても時給1000円の仕事を月20時間こなすぐらいならできないことがあるものか。

……まあもちろん、人生そんなに単純じゃありません。

生きていくには家賃だってかかります。それにこれというのはあくまでも、そこそこ健康な独身者ゆえの計算です。養わねばならない家族がいたり、自分や家族の誰かが病気を抱えていたり、あるいは借金を返さねばならなかったり、様々な事情で月々まとまったお金が必要な人も少なからずおられることでしょう。

しかしそうであっても、少なくとも自分一人が機嫌よく食っていくのに必要なものなんてその程度ってことがわかれば、人生はたちまち違う色を帯びて輝いてきませんか。お金のために自分の時間を差し出す必要なんて、本当はないのかもしれない。だとすれば、やりたいことを、ただやるだけだ。

会社員だろうが学生だろうが主婦だろうが子供だろうが、いざとなれば自分一匹、十分食っていける、自分で自分を幸せにすることができる。この過酷な世の中を朗らかに生きていくなんてとても出来やしないと誰もが思っているけれど、全然そうじゃないのかもしれない。離婚されようが、親に育児放棄されようが、会社に捨てられようが、自分で自分を食わせていくことができる。誰かに自分の人生を台無しにさせる必要なんて全然ない。

そう、人生は怖くないのです。

Contents

2

レシピ本を閉じ、メシを炊こう

あれもこれもが料理を苦行にする

3 女は黙って味噌を湯で溶かす

4 あとは旬の野菜さえあれば

安く食べずにいられない

5 ローフード？ 漬物ですがそれが何か？

ぬか床は最高のお雇い料理人

6

調味料地獄から脱出せよ

7 調理道具は揃えるな

「可能性」を封じ込める

8 最高の食卓は10分もあればできる

1

毎日同じメニューなのに走って家に帰る

こんな世界があったとは

「メシ、しる」にヨダレが出たら最強です

かくして稲垣えみ子52歳、晴れて会社を辞め、かくして毎朝通勤することもなくなり、主に半径1キロの世界を自転車でウロウロしながら日々仕事をしたりしなかったりで暮らす日々である。

なので、基本、昼も夜も家に帰って「ウチメシ」を食べている。まるでテレビでしか見たことのないイタリアやスペインの人のようだ（↑イメージ）。

しかし問題は、その内容である。

イタリアやスペインのようなカラフルな食卓とは対極と言っていい。あまりにも地味である。しかも毎日ほとんど代わり映えしない。

すなわち、メシ、汁、漬物の世界。最近、高名な料理研究家である土井善晴先生が「一汁一菜」を推奨して評判になっているが、それ、まさにうちです！　そうそれが私の食卓であります。

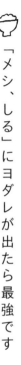

例えばある冬の日の昼はこんなメニューであった。

・玄米ご飯
・梅干し
・大根おろし
・ニンジンのぬか漬け
・サツマイモとネギと油揚げの味噌汁

値段にして150円ほどであろうか。

いやいや、まさかこんなものを連日食べ続ける日が我が人生に来ようとは、考えたこともありませんでした！

ハイわかってます。そんな日々の繰り返しで、果たして人生の楽しみはどこにあるわけ？　と呆れる方も少なくないことでしょう。

確かに今や「食べること」は国民的娯楽です。コンビニにも多種多様な新製品が次々登場し、誰もが食べログで人気店をチェックし、さらにあらゆる料理のレシピがネットで本でそこいらじゅうに溢れています。

すなわち現代とは生きているだけで素敵な食べ物の情報が目に入らぬ瞬間はない時代であると言ってもいい。

それだけ誰もが「美味しいものを食べたい」と懸命になっているということですよね。もちろん私もずーっとそうでした。


ところがですね、驚いたことに私、今やそんな「美味しいもの」とはザ・対極にある、この単調で地味で日々なんの代わり映えもしないこの食卓が、もういつだって待ち遠しくて待ち遠しくて仕方がないのです。いやマジで。誰よりも自分が一番驚いているんですが、本当に本当なんです。


近くのカフェで午前中の仕事を終え、昼飯を食べに自転車で帰宅するときなんざ、もうダッシュの勢い。で、帰るや否やささっと飯をよそい、汁をよそい、漬物を切り、「カッカッカッカ」（メシ）「ズズズー」（汁）という勢いで脇目も振らず目の前の皿に取り付くのでありました。

で、午後はまた別のカフェで仕事をし、そしてまたダッシュで家へ帰って「ズズズー」っとやるわけです。そしてまた次の日も、また次の日も……。この間、メニューはほとんど代わり映えしない。それなのに「飽きる」ということが全くない。「飽」という文字が頭に浮かんだことすらない。

それだけじゃありません。

気がつけば私、あれこれと工夫を凝らした派手な「ご馳走」がどうも苦手になってきたのです。

いやもっとはっきり言えば、ご馳走がコワイ。きらびやかなお店で食べる、寿司だの懐石だのフレンチのコースだのが恐ろしい。いや美味しいんですよ素晴らしいんです間違いなく。だからこそ心の底から楽しんで食べなければバチが当たります。

……で、私にはどうもそれが困難になってきた。

気づけばふうふう言いながら必死に食べている。いやしつこいようですが美味しいんです確かに。しかしどうも今の私には美味しすぎるのです。過剰なのです。

まるで、嫌いじゃないけどそれほど好きでもない男にしつこく言い寄られているかのよう……。

なので、もちろん自分でわざわざ「ご馳走」を作ろうなんていう気持ちは綺麗さっぱりなくなってしまった。もうぬか漬けで十分。

というわけで、日々どれほどの粗食に甘んじて暮らしていようとも、「あーたまにはご馳走が食べたい……」などと考えることすら一ミリも無くなってしまったのでした。日々是好日。今日も粗食で嬉しいナと思っている自分に自分で驚く。

はて、どうしてこんなことになったのか？

まあそれはおいおい書いていくとして、確実に言えることは、結果、私が食生活にかけるお金は天文学的に低くなったのでした。

1食200円として、月に2万円もあれば十二分なのであります。なのに満足度200％とは、はてこれいかに。

これをもう少し論理的に説明しますと、今の私にとっては、お金があるということと、美味しいものが食べられて幸せになるということの間にはナーンモ関係がないのであります。

そう気づいた瞬間、私の腹はズン、と落ち着いたのでありました。

あれまあ。もはや人生に恐れることなど、なーんにもないではないか。

だって私はこれからの人生、どのようなアクシデントに見舞われようが、世界がどのように混迷しようが、おそらく一生幸せに生きていけるに違いないのです。そう「幸せ」って結局のところ、日々美味しいものを食べられるということなんじゃないでしょうか?

そして私は、何はなくとも、そう、高額のお金も、広い台所も、華麗なる調理道具も、特別な技術や才能も、そうそのいずれもなーんにもなくたって、自分が心から美味しいと思う食事を、誰に頼ることもなく、超短時間でウッシッシと作り、生涯にわたって延々と食べ続けることができる。

そんな自分を作り上げることにまんまと成功したのです。

そう世の中に「最強」の人間がいるとしたら、それはドナルド・トランプでも金正恩でもなく、このような人間のことを指すのではないでしょうか？

それは私です。イナガキは最強なのであります。

冷蔵庫をやめて目が覚めた

でも世の中の多くの人はそんなふうには考えません。

そんな坊さんみたいなもの毎日食べろって？　ジョーダンじゃないという声があちこちから聞こえてきそう。

ご馳走を食べることは人生の活力であり、豊かさである。こんな世知辛い世の中だからこそあれこれと美味しいものを食べたいんだよ！　その楽しみがあってこそ、日々何とか生きていけるんじゃないの。その何が悪いんだ？

いやいやもちろんその通り。お気持ちはとても良くわかります。

だって私も、ずうっと同じように考えてきたのだから。

長いこと独身サラリーマンをやってきましたから、まー食べることくらいしか楽しみがない。そして自由に使えるカネもそこそこある。なので、あれやこれやの食べ歩きに異常な熱意を燃やしてきました。

そして家でも山ほどのレシピ本を所有し、多種多様の調理道具をこれでもかと取り揃え、棚の中には世界の食材や調味料や香辛料がギッシリ。巨大な冷蔵庫も常時満タン。興が乗れば餃子の皮やら手打ち麺までせっせと作る（自分しか食べないのに……）類の人間でありました。

なーんて言うと「忙しいのにえらいねー」なんて言ってくださる方もいるのですが、それはエライというよりある種の現実逃避だった気もする。台所は、会社が次々と課してくる過酷なノルマとも面倒な上司とも無縁な世界です。そこには確かな自由がある。誰にも文句なんて言わせない。好きなもん作って好きなもん喰ってやる！　上司がなんだ！　会社がなんだ！　文句あっか！

というわけで常に、明日は何を作ろうか？　食べようか？　和食？　煮物？　スパイシーなもの？　カレー？　イタリアン？　キムチ風味？　揚げ物？　焼肉？　なんてことをいつも考えていた。もちろん、昨日と同じものを食べるなんてことはありえません。

……それが何の因果か、いつの間にかその対極とも言える地点へと舞い降りてしまった。

もちろん自然にそんなことになったわけじゃない。もし「あのこと」さえなければ、私は今も新たな美味しいものを追い求め続けていたに違いないのです。

それは、冷蔵庫との決別でした。

時代劇に見る究極のシステム・クッキング

そもそものきっかけは、原発事故をきっかけとした節電です。当時は日本中の誰もが熱心に節電に取り組んだ。私もその一人だったのです。

しかし日本広しといえでも、まさか冷蔵庫までやめた人間なんてさすがにほとんどいないんじゃないでしょうか。私とて、いくら何でもそこまですることになろうとは全く考えていなかった。だって冷蔵庫って、現代人が普通に食べていくために欠かせぬインフラです。それをやめちゃったら我慢や忍耐どころじゃない。どうやって生きていけばいいのかわかんないじゃん！

しかしながら、詳しい経緯は省きますけれど、ひょんなことからその「まさか」の事態となり、当然のことながらハテどうやって生きていけばいいのかと途方にくれることとなり、思い余っていろんな人に相談するものの、「やめとけ」「絶対無理」としか言っていただけず。

まあそりゃそうだよな。

だって現代においてはだーれもそんなことやったことないどころか、やろうと思ったこともないんだから。

そうなのだ。現代人に頼ろうと思った私がバカであった。

そうだ！　江戸時代を参考にすればいいじゃんヨ。

だってあの時代、誰も冷蔵庫なんか持っちゃいなかったんです。それでもみんな当たり前にご飯を作って食べていた。

というわけで、大好きな時代劇の食事シーンをじいっと観察する日々が始まりました。

で、わかりました！（早い）

彼らの食は、基本、メシ、汁、漬物なんです。

なるほど。これなら確かに冷蔵庫いらずだ。

メシはおひつに入っている。きっと朝にまとめて一日分を炊くのでありましょう。漬物はぬか床にある。となれば、毎食「汁」を作るだけです。

なるほど。実に合理的ではないか。これなら全く時間はかからない。冷蔵庫がないと当然のことながら「食品を保存できない」のだが、これならそもそも何かを作っておいて保存する必要もない。だって味噌汁を作るだけなら会社帰りにスーパーで野菜と油揚げを買えば5分もあれば食卓が完成するもんね。

確かに手抜きといえば、これほどの手抜きはないかもしれません。

しかし、時代劇に出てくる人々の幸せそうな食事シーンを見ていると、それがどーしたという気分になってくる。

確かにメシは冷えている。しかしそこにホッカホカの汁を添えることで、ちゃんと「温かい食事」の雰囲気を作り出している。実にカシコイではありませんか。と言うよりも、もしかして、メシが冷えているからこそホッカホカの汁が余計に幸せに感じられるんじゃないだろうか？　というのも、時代劇の食事シーンでは、飯をかきこむ合間に味噌汁を「ズズー」とすすった後、誰もが必ずニッコリするのです。幸せとは案外こんなところにちゃっかり隠れていたりするらしい。

うーん。なんてよくできているんだ！

これこそ究極の「システム・クッキング」と言ってもいいんじゃなかろうか。

早い・安い・うまい

というわけで現代に生きる誰もが「無理無理」と太鼓判を押した「冷蔵庫なし生活」は、意外なほどスムーズに走り出したのでした。

で、やってみたらこれが、なんともあまりにも快適だったのです。

まずは「早い」！

いやーまさしく時代劇で見た通りでありました。

味噌汁を作る5分ほどの間に、ご飯をよそい、ぬか漬けをカットすればハイ出来上がり！　ここに煮物やらアジの干物やら何か一品つけるとしても、まさかの10分もあれば立派な食卓の完成です。

そして「安い」！

いやもうね、こんなご飯だとホントお金がかからないんだわ。

ご飯は一膳で30円ほど。あとは味噌汁の具と、ぬか漬けの野菜……って、どれだけ安いんだか。あんまり安いから、スーパーの特売品じゃなくて、近所の昔ながらの豆腐屋さんで１３０円の厚揚げを買う。これはこれで実に贅沢であります。

で、その高級厚揚げを大切に半分にカットし、焼く。そして、外食では上品に親指大しか添えられない大根おろしをコレデモカとたっぷり添える。

こんがりと焼いたアツアツの揚げに、ポン酢をかけた大根おろしをこぼれそうにのっけて……いやもうこれだけで大名気分じゃないの。

それから「うまい」！

そう何たってここが肝心なのだ。

食事とは毎日食べるもの。「早い安い」だけでは心がしぼむ。そうなれば人生もしぼむ。食べたいものを我慢する暮らしなど、安かろうが早かろうがまっぴらごめんです。

しかしまあこれが冒頭にご報告した通り、実のところ腹立たしいほどうまいのでした。

全くこれまで、懸命に情報を集め、レシピ本を集め、材料を集め、そして時間をかけて凝った料理を、しかも毎回違う料理を一生懸命作ってきたのは、一体なんだったのであろうか？

つまりは私の人生って何だったのか？

だって何よりも一番うまいのが、まさかの「メシ」なのです。ただのメシ。そしてその美味しさを最大限に引き立てるのがまさかの味噌汁と漬物！

こんなことがあっていいんでしょうか。

だってこれまで私が時間も労力も金もかけて追い求めてきたのは、地味な、当たり前な、つまらないただのメシと汁なんかじゃなくて、キラキラした「世界のおかず」たちです。そのために全く少なからぬ精魂を傾けてきたのです。

あれは一体何だったのか？

やはり歴史とはダテに存在しているのではない。この列島に暮らす先人が長い時間をかけて育て上げてきた完璧な献立の凄さといったら！　それを味わい尽くすという贅沢を、なぜこれまでほぼ完璧に放棄してきたのでしょうか？

そういえば旅館も朝食の方がうまいのだ

で、ふと気づいたのでした。

これって、つまりは旅館の朝食メニューではないか。

旅館に泊まるといえば、目玉は何といっても「お夕食」である。

旅行会社のパンフレットを見ると、刺身の舟盛りやら、アワビの踊り食いやら、カニの寄せなべやら、牛肉の網焼きやら、大きな座卓に乗りきらないほどのご馳走がずらりと並ぶ。そして多くの人が、それを楽しみに旅行に出かけるのだ。テレビの旅行番組でも、旅人に扮したタレントさんが「すごーい」「豪華ぁ～」「やわらか～い」などと感嘆の声を上げながら、そのきらびやかなメニューを一つ一つ口に運ぶのが定番のハイライトであります。

しかしですね、今改めて振り返ってみると、衝撃の事実に気づくのでした。

私はあれを、本当に心から喜んで食べていたのだろうか？

いやもちろん、まずいというわけじゃありません。

しかしですね、美味しいとかまずいとかいう以前に、あれだけスター級の「主役」が入れ替わり立ち替わり際限なく出てくると、もうどこで何を食べたのやらほとんど覚えていない。

唯一強烈に記憶に残るのは「お腹いっぱい！」「もう動けない！」という現実である。そう、よくよく考えると幸せ半分、苦しさ半分……。

それにひきかえ、胸に手を置いてよーく考えてみると、私がしみじみと幸せに食べていたのは、まさかの朝食だったんじゃないだろうか。

そうそれは、どの旅館でもほぼ代わり映えのしないメニュー。

ご飯、味噌汁、漬物に、海苔。あとは干物が一匹と卵焼きと納豆などなど。でもさすがはプロが作っただけのことはある。一つ一つが丁寧に作られていてウフフと思うのです。地味だけどホッと落ち着きます。ご馳走じゃないのに心からの満足がある。

なぜ毎日違うものを食べなきゃいけないのか

しかしですね、そんな朝食を嬉しそうにパンフレットに載せている旅館なんて見たことがない。

だって旅館の朝食ってどこも代わり映えしないからね。パンフに載せたって「差別化」につながらないというわけだ。

でも、ふと思い返してみれば、誰もがそんな朝食をかなり機嫌よく食べている。「なんだよ、また同じメニューかよ」なんて文句をいう人は見たことがありません。

ところが「お夕食」は、全てがその対極にある。

宣伝用のパンフレットをよく見ると、きらびやかな夕食の画像の横には「連泊のお客様には別メニューをご用意します」などと書かれているのだ。

確かに想像するだけでも、あの豪華夕食が、二日連続同じメニューで出てくるとなったらなかなかキツイものがあります。

でもよく考えたら、これっておかしくないですかね？

だって、多くの人に「美味しそう」と思ってもらえるようなものをズラリと並べたのがあの夕食なのだ。本当に美味しいんだったら、何日だって食べ続けてもいいじゃないですか。それこそが究極の幸せであってもおかしくない。

ところが現実はそうじゃない。豪華夕食は一日でもう十分なのだ。

一方、質素な朝食はそうじゃない。何日だって喜んで同じものを食べていられる。

つまりはこういうことなんじゃないだろうか。

豪華なものは飽きるのだ。

つまりは、「美味しすぎるもの」は飽きるのである。

ということはですね、現代人が「毎日違うものを食べたい」と思い、だからこそ家族の台所を預かる人間が毎日違うものを作らねばと来る日も来る日も多大な努力を払い続けているのは、もしや結局のところ「美味しすぎるもの」を毎日毎日頑張って作り続けているからじゃないのだろうか？

「今日のご飯何にしよう」という無間地獄から脱出せよ

で、よくよく考えると、これってソフトな無限地獄である。

だって、頑張って美味しいものを作れば作るほど、また別の美味しいものを頑張って作らねばならない。

そして別の美味しいものを作ったら、また別の美味しいものを作らねばならない……。

それは死ぬまで続く、ゴールのない無限ループ。

もちろん料理が趣味、大好きっていう人にとっては、それこそが楽しみであり生きがいなのでありましょう。しかし、誰もがそうしなきゃいけないってことになると話は違ってくる。どこまで続くぬかるみぞ。人生とはそこまで過酷でなければならないのだろうか。

私がそんなことを真面目に考え始めたのは、我が母の老いがきっかけであった。

私が料理好き、食いしん坊になったのは、間違いなく母の影響だ。

3人きょうだいの末っ子に生まれ、甘やかされて育った母は、結婚するまで料理なんてしたこともなかったらしい。しかしその時代の多くの女性たちがそうであったように、控えめな恋愛をして高度成長期のサラリーマンの妻となった母は、良き専業主婦であろうと懸命に努力した。つまりは当時出始めたレシピ本を購入し、あれこれと新しい料理にチャレンジしたのだ。ロールキャベツ、ほうれん草のグラタン、手作りの餃子、中華風肉だんご。まさに昨日と同じものが今日の食卓に出てくることなど一日とてなかった。こうして母は正真正銘の料理上手となり、その娘も料理好きに育っていったのである。

ところがその母が、老いと共に料理を億劫がるようになった。

サボっているんじゃないんです。サボりたいとも思っていない。むしろ作りたいんです。だって料理は彼女のアイデンティティーなんだから。

生真面目な母はいつも、まずはレシピに忠実に作り、そこから少しずつ自分なりにアレンジを加えていた。母のレシピ本には、調味料の欄に必ず書き込みがある。生真面目な字で「ちょっと辛い」「醬油は半分」などとメモがしてある。それを見ると、母の愛と努力を思い、切ない気持ちがこみ上げてくる。

そうなのだ。そこには多大なる努力が必要なのだ。

そうやって本を見て、材料を取り揃え、複雑な工程と調味料を間違いなくレシピ通りにこなすという、元気なうちはどうってことないその作業が、ある時からとてつもないハードルとなって母の前に立ちはだかるようになった。

今思えば、母には少しずつ認知症の症状が出始めていたのだと思う。

それでも母は「簡単な料理」を作ることに頑固に抵抗した。料理が大変だとこぼす母に、「もうそんな凝ったことしなくていいじゃない」「ご飯と味噌汁と、お魚でも焼いたらご馳走だよ」と何度言っても、絶対に首を縦に振らなかった。

だって母にとっては、それは手抜きであり敗北だったから。

次第に母の枕元には、レシピ本の山が散乱するようになった。ちらりと目をやると、あれこれと線を引いたり、付箋を貼り付けたり。どうしても作りたいんだという切ないばかりの気持ちが伝わってくる。

そうして頑張って頑張って、でも結局は何をどう段取りして良いのかうまく自分を整理することができず、悲しみを募らせているに違いないのだ。

そんな母の出口のない辛さを思うと、いったいどうしたらいいのか、なんと声をかけていいのやら、途方にくれるしかなかったのである。

「聡明な女は料理がうまい」の呪縛

そう、誰が悪いわけじゃない。

でも母のどうしようもない悲しみを見るにつけ、料理っていつからそんなに複雑なものになってしまったんだろうと思ってしまうのです。

というか、私はやりきれない怒りでムカムカとしてきたのだ。一体なんなんだこの世の中は！　母が、そして私が求めてきた豊かさって一体なんだったのか。母も私も、ただただ上を向いて一生懸命生きて来ただけなんだ。しかしなぜ母はその人生の終わりになって、このようなしっぺ返しを受けなければならないのか。

そう、料理って、もともと生きるために必要なこと。つまりは誰でも、男でも女でも子供でも、それなりにこなせるものだったはずです。

それなのに、いつの間にかそれは、健康で体力も才能もある元気な人だけができることになってしまったのだとしたら、それはどこかおかしいんじゃないでしょうか。

「今日は何を作ろう」と考え、レシピ本を見て、材料を揃えて、計量スプーンで調味料を量って……それができる人はいいのです。でもいつの間にか母も私も、料理とはそういうものなんだと考えるようになった。それ以外の料理、つまりはご飯と味噌汁なんていうのは、「料理」とはとても言えないシロモノなんだと一段下に見るようになった。

人は元気なうちは、努力さえすれば何だってできるんだと思いがちです。でも、いくら努力してもそうはできない時が来る。

そして、そこに残るのは惨めな敗北感です。

しかしそれは、本当に敗北なのでしょうか？

『聡明な女は料理がうまい』という1970年代のベストセラーがあります。

著者は作家の桐島洋子さん。3人の子供を育てながら国際的なノンフィクション作家として活躍する桐島さんが「バリバリ働く女こそ、家の台所もバリバリ仕切り、とびきり豊かな食生活を楽しむものだ」「それこそが豊かな人生である」と説く。それは実にカッコよかった。私も大変に憧れたものでした。ちょうど、女性が懸命に社会進出を始めた時代です。ややもすれば家事を拒否するのが新しい女性の姿であると思われた時代に、仕事だけではダメなのだ、仕事も暮らしも一流であってこそ豊かな人生なのだという提言には目を見開かれる思いがしたものでした。


しかし今、改めてこの本を読みかえすととても複雑な思いにとらわれる。

桐島さんの料理は実に華麗です。

どんなに忙しくても、短時間でぱぱっとクリエイティブな世界の料理で食卓を飾る。友人を招いてパーティーもしょっちゅう開く。確かに、その段取り力、実行力、決断力はそのまま仕事にも通じるものです。

なんて素晴らしい。

しかしそのためには何をせねばならないかとなると、これが相当に大変なのである。桐島さんは冷蔵庫は必要以上に大きいくらいでちょうどいいと書いている。そして、聡明な女たるもの絶えず食品売り場をチェックし、これぞという安価な旬の食材に出会ったら躊躇なくまとめ買いをして、週末など時間があるときにせっせと「作りおき」をして、いつでも短時間でご馳走をこしらえる完璧な下ごしらえを整えておかねばならぬと。

なるほどこれならいつでも短時間で目を見張るような食卓を用意できるに違いありません。

まさにこれができるのは「聡明な女」であります。

そして今私たちは、誰もが「聡明な女」を一生懸命目指している。

仕事も、暮らしも、ちゃんとしたいと、本当にみんな頑張っている。SNSで自らの「素敵な暮らし」を皆が公開するようになると、そうできない自分はダメな存在かのように思い、反省する。そうしてますます誰もが少しでも上を目指して来る日も来る日も努力。努力。

しかし本当にそこまでしないといけないんでしょうか？　食べることは生きること。生きるってそれほど複雑で大変なことじゃなきゃいけないんでしょうか。

母の母、つまり私の祖母は、レシピ本なんて持っていなかった。いつも似たような煮物を作っていました。

それは見た目も味ももう信じられないくらい地味だったけれど、今思い返せば、子供心をもノックダウンする美味しさでした。でもそれは祖母にとって、別に特別なものではなかったのだと思います。ただ暮らしの中で毎日同じことを繰り返すうちに、自然に身についていったものだと思うのです。

そんな祖母は若くして脳溢血《のういっけつ》で倒れ、亡くなるまで半身不随でした。それでも足を引きずりながら、当たり前に台所に立ち、利き手ではない左手で、同じような、そして美味しい料理を作り続けていた。

料理って本当はそういうものなんじゃないのかなと思うのです。

もしそうなら、私も、これから歳をとって体が不自由になっても、ボケても、地味な、いつも代わり映えのしない、当たり前の食事を作り続けることができるんじゃないか。

つまりは死ぬまでちゃんと生きていくことができるんじゃないか。

そう思うと、毎日頑張って違う「ご馳走」を作り続けている場合じゃないという気がしてくるのです。

考えるな、感じろ

もしかすると、私たちは頑張りすぎたんじゃないだろうかと思うのだ。

日本の長い歴史の中で、レシピ本というものが登場し、人々が毎日違うものを食べるようになったのは、ほんのこの１００年ほどのこと。

現代の「主婦」たちは、そんな歴史上例がないほど大変なことを担っているのである。さらには社会進出も果たして男性と同様に働くようになったのだ。

その両方をこなせるのは、まさしく「聡明な女」だけである。

食べることは楽しい。人に食べさせることも楽しい。それを否定する人はいない。だからこそ、いつの間にか私たちは「食べること」を際限なく暴走させてきたのではないだろうか。

美味しいものを作ることができる能力。それは素晴らしい。家族に美味しいものを食べさせる親の愛。それも間違いなく素晴らしい。しかしだからこそ、家庭料理はいつの間にか、誰も否定できないゴールなき競争へと転化していった。

料理はどんどん複雑になり、美味しいものはさらなる美味しいものへの欲求を生み、食べることは「生きるための手段」からどんどん遠ざかっていった。それは際限のない娯楽となり、競争となり、そして苦しみとなった。

その苦しみに耐えられなくなった人たちが、家事代行や、食事の宅配サービスに、少なからぬお金と、後ろめたい気持ちを支払っている。

これって、何かおかしくないだろうか？

選択肢はこの二つに一つしかないのだろうか？

聡明な女か。ダメな女か。

いやそうじゃないはずだと私は言いたいのだ。

いま私たちに必要なのは、「食の断捨離」である。

経済成長の中で、私たちはどんどんものを買い、欲を満たしてきた。その結果、家の中には整理しきれないものが溢れ、私たちの空間も精神も蝕み始めた。その反省からブームになったのが「断捨離」だ。本当に必要なものを見極めてシンプルに暮らす。その豊かさに多くの人が共感し、行動を始めている。山のような洋服や、食器や、調度品を整理し始めている。

しかしその中で、「食」だけが忘れられていないだろうか。それはきっと、食事をシンプルにすることは、暮らしを貧しくすることだと誰もが思い込んでいるからだ。

で、そんなことは全然ないのである！

日々、ご馳走から程遠い「メシ、汁、漬物」生活を始めた私が、日々心からほくほくとそのご飯を食べているということはすでに書きました。そして、そんな暮らしに慣れてくると、これまで「ご馳走」だと思ってきたきらびやかな食事が、むしろ苦手になってきたということも書きました。

つまりは、ご馳走って何だったんだろうと思うのです。

今の世の中には、美味しそうなご馳走が溢れています。でもこの消費社会の中では、美味しそうなものとは、客に選んでもらい、お金を取るためのものです。

そのためにはインパクトがなきゃいけない。第一印象を強く、わかりやすくしなきゃいけない。だからどんどん見た目も味も過剰になっていく。珍しい味、美味しい味の向こう側には、さらに珍しい味、美味しい味の世界が尽きることなく広がっていく。

その「過剰な世界」のことを私たちは「ご馳走」と呼んできたんじゃないでしょうか。そして多くの人が、食べ物ではなく、情報を食べている。本当に美味しいかどうかを感じることなく、美味しいと言われたものを食べることそのものに喜びを感じているんじゃないでしょうか。

で、今の私は、ひと味もふた味も違います。何しろ私には味の基準というものがあるのです。

メシ、汁、漬物。

その地味すぎるメニューは、頭を支配する情報などというものとは全く無縁。だからこそ、その味は自分自身で感じるしかない。

もぐもぐ。もぐもぐ。

うん。美味しい。

私は、そう感じ取ることのできる自分がいるということを知ったのです。

それに気づいてしまったら、情報なんて実にしゃらくさい。

本当に自分が好きなものなんて、そんなにたくさんあるもんじゃない。高いお金を出さなければ食べられないものでもなんでもない。

美味しいものとはもしかして、どこかにあるものなんじゃなくて、すでに自分の中にあるものなんじゃないか。

そう思ったら、実に心が落ち着くのです。私に足りないものなど何もないのだから。これはもう一つの悟りと言ってもいいのかもしれません。

考えるな。感じろ。（by ブルース・リー）

あの名文句の深さを今更ながらに噛みしめる日々であります。

そして時間と幸福が訪れる

かくして私は、齢50にしてようやく、人生の軸、コアとでもいうべきものがピシッと通ったのでした。

私にはもう、余分なご馳走は必要ないのです。

質素なものの中に無限の世界がある。それが私のご馳走なのです。

たくさんの調味料も、調理道具も、レシピ本もいらない。今日は何を食べようかと悩む時間もいらない。

それで十二分に美味しいものを食べられる自分がいる。

今の私の目の前にあるのは、たっぷりの時間と、幸福と。

そう美味しいものを食べられるということは幸福そのものです。で、それはすでに目の前にあったのでした。

ああこんな世界があったとは。

2

レシピ本を閉じ、メシを炊こう

あれもこれもが料理を苦行にする

「坂の上の雲」の衝撃

もう何年前のことだったか、司馬遼太郎原作の「坂の上の雲」がＮＨＫでテレビドラマ化されたとき、あるシーンにちょっとした衝撃を受けたのであった。

それは、本筋の壮大なストーリーとはあまり関係のないささやかなエピソードなのだが、主人公の一人、秋山好古（阿部寛）が、東京の下宿先を訪ねてきた弟の真之（本木雅弘）と夕食を共にするシーンである。

何しろ、弟は故郷の松山から華の東京へとはるばるやってきたのだ。どのような祝宴が開かれるかと思いきや、食器は飯茶碗１個のみなのであった。そこに「おひつ」から交替でめいめいがご飯をよそい、ひたすらカッカッカッカッと「かっくらう」のである。

好古は「どんどん食え！」とフトッパラである。気前がいい。しかし、おかずがない。いや、あるといえばある。タクアンである。

つまりは、飯に始まり、飯に終わる。

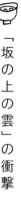

おそらくはそれなりの「もてなし」を期待していたであろう弟は、目を白黒させながらも、平然と酒を飲み飯をかきこむ憧れの兄に後れをとってはならじと、タクアンの塩味と歯ごたえを頼りに、やはりひたすらに飯をかきこむしかないのであった。

これは、のちに日露戦争で世界最強と言われたコサック騎兵を打ち負かして「日本騎兵の父」と呼ばれた好古氏がいかに質素な暮らしを実践したか、その清廉な性格を象徴するエピソードであったと思われる。

つまりは視聴者はこれを見て、「なんとエライ人なのだろう」「本当に欲のない人だったんだなあ」と思うべき場面である。ムロン私もそう思った。何しろそれなりの地位にある軍人である。しかも今のようなコンピューター戦争の時代なんかじゃない。騎馬軍人である。体が資本である。下世話な話をすれば、いつもお腹が空いていたに違いない。それなのにこんな貧しいものを食べていたのか！本当になんと自分を律する力に優れた人であろうかと、かなり深い尊敬の念を抱いたのでありました。

だがしかし、今あのシーンを思い出す時、私の感想は全く違うものとなった。好古氏は、別に我慢をしていたわけでも、厳しく自分を律していたわけでもなかったんじゃないか？

いやむしろ、食べたいもの、最高にうまいものを、心ゆくまでただただ食べつくしていたんじゃないか？　つまりは欲のない人だったというより、むしろある意味非常に欲深い人だったんじゃないか？

だって今の私、全く同じことしてるんだもん！　我慢してるわけでも、何かの修行を気取っているわけでもない。本当のところ「飯」さえあれば、特に「炊きたての日」なんかは、むしろ余分なおかずは邪魔だと思うのである。つまりはタクアンで十分なのである。

で、うまく炊けた時に何が起きるか

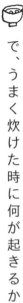

いやーホント、「炊きたての日」の幸せと言ったら！

ちなみに今日がその「炊きたての日」であった。

ここで少し説明しておくと、「炊きたての日」とは「米を炊く日」である。私が米を炊くのは通常は三日に一度、真夏は一〜二日に一度。冷蔵庫を持たずに炊いた米は「おひつ」で保存しているので、夏とそれ以外ではペースが違ってくるのである。

で、本日何が起きたかをお教えしましょう。

まず、朝布団の中で目が覚めると「……そうだ、今日はご飯を炊く日だ！」と思うのである。そう思うだけで早くも顔がニヤついてくる今日この頃である。で、まだ暗いうちからいそいそとベッドを抜け出し、すぐに台所へと向かう。

水に浸けて発芽させておいた玄米を鍋へと移し、水と少量の塩を入れて鍋の蓋をし、カチカチとコンロの火をつける。ボコボコと沸騰してきたら蓋を開けて水分を飛ばし、水位が米の表面ギリギリになったら火を弱めて蓋を閉じる。20分ほどそのまま加熱。

で、最後に3秒だけ、おまじないのように火を強くする。この瞬間が、なんとも言えない楽しみなのだ。

ほんの一瞬、「パチパチッ」と小さな音がする。その瞬間、かすかに香ばしい香りが鼻をかすめるのである。

わあ〜。

お・こ・げ!!（↑妄想）

しかしここで喜びのあまり蓋を開けてはならない。火を止めて10分ほど待ち、それからおそるおそる、重い蓋を持ち上げて中を覗き込むのだ。

わあ〜。

た・け・て・る!!（↑当たり前）

ホカホカの湯気の中、ふっくらと米が一粒一粒立ち上がっている姿は、まるで生まれたての赤ん坊のようである。何度見ても感動がこみ上げてくるのを抑えることができない。私は無事に出産を果たした母のごとく、愛用の木のしゃもじで赤ちゃんを抱っこするように鍋底からそーっと米の背中を持ち上げる。そして米粒を不用意につぶしてしまわぬようさっくりほっくりと混ぜて、米一粒一粒にちゃんと息ができるようにしてあげるのだ。

そして、混ぜ終わったところですぐに木のおひつへと移す。

さあここからがお楽しみタイムである。

移し終わったところで、たまらずにアツアツホカホカの米を手でひょいと摑んでパクリ。

わあ〜……。（↑気絶寸前）

出来栄えを確かめるように、よくよく噛む。

……甘い。甘すぎる！

米ってなんて甘いのかしらと心から驚きつつ、っていうか毎回同じつまみ喰いを繰り返しているのにどうしてこうも毎度毎度新鮮に驚いているのか我ながら不思議なのだが、結局のところその不思議を確かめずにはいられないのである……。

つまりはもう一口。

……うーん。やっぱり甘い！　甘すぎる！

というわけでつまみ食いが止まらなくなり、こんなことしてたら炊いたご飯が即なくなる勢いなので心を鬼にしておひつの蓋をパタンと閉めて出かける準備に取り掛かる。

しかしあの幸せはどうにも忘れがたく、なんだかんだとおひつの蓋を開けては一口、また一口と食べてしまうのであった。

おかず？ 作れますけど作りたくないのだ

何しろこれほどの美味である。
そしてこの「炊きたての日」は三日に一度しかない。非常に貴重な日である。
なのでこの日の献立のテーマは当然、こうなる。

「どうやってこの炊きたてご飯をうまく食べるか」

というわけで、当初はいろいろと「炊きたてご飯に合うおかず」を張り切って作っていた。
っていうか、改めて考えてみれば「炊きたてご飯に合わないおかず」なんてそもそも存在しないのである。なので、つまりはただただハイテンションに、煮物、揚げ物、炒め物などいろんなおかずを用意するのであった。

当然、うまい。

だが……。

次第に、なんだかどうも「違う」気がしてきたのである。

「美味しいおかず」が、どうにも前に出て来すぎるのだ。

我こそは主役であると主張するおかずたち。美味しく作ろうと頑張るほどに大女優のごとき風格を漂わせるのである。つまりは私をアップにしろと。注目せよと。

いや、はっきり言おう。主役はあなたじゃない。

主役は「炊きたてご飯」さまなのだ。

私はこの、ぱっと見は地味だけれど、嚙めば嚙むほどじんわりと優しい味がしみわたるこのご飯を、できるだけいつまでも慈しんでいたいのである。

それが、美味しいおかずを口にした途端、口の中はおかずの美味しさだけに占領されるのであった。いやもちろんそれはそれでうまい。しかし、あまりにも奥ゆかしいご飯の美味しさは、サーッとどこかへ逃げて行ってしまうのである。

これは……そう、本末転倒ではないか？

海苔、大根おろし、梅干しさえあれば

というわけで、「炊きたての日」のおかずはどんどん単純なものになっていき、ついには近所の豆腐屋で買った厚揚げもしくはがんもどきさえあれば十分ということになってきた。

いや十分というよりも、これがどうにも最高なのである。

我が家から自転車で三分の豆腐屋さんへ行き、80歳のオトーサンと「今日はちょっと蒸すねえ〜」などと世間話をしながら、生揚げにしようかがんもにしようかと散々迷ってどちらかを袋に入れてもらい、ほくほくしながら自転車で自宅へと急ぐ。

さっそくカセットコンロにフライパンがわりに使っている南部鉄器の小さなダッチオーブンをセットしてカチカチと火をつけ、買いたての揚げをポンと置く。ケチな私は油などひかないのであります。だって揚げの油分があるからね。

蓋をしてしばらくたつと、「ジュワーッ」と音がしてくる。

その幸せな音を聞きながら、大根もしくは生姜をすりおろす。ちなみに私の最近のブームは「干し大根おろし」である。まず大根を買ってきたらベランダのザルの上にポンと放置しておく。すると当然、徐々にしんなりとしてくる。間違ってもこれを「しなびた大根」などと呼んではいけない。「干し大根」と言う。

この大根を、スリスリとすりおろすのである。

ハリを失った大根がクネクネして、実を言うとかなりおろしにくい。

しかしそんなわずかな欠点を補って余りある美点があるのだ。

まず、フレッシュな大根をおろすとどうやったって水分が出てしまうのだが、実はこの水分こそが旨味たっぷりなのである。しかしハリのある大根は、どうしたってこの宿命から逃れられない。それがですね、しなびた干し大根ですと水分が一切出ないのである。従って、味が非常に濃い大根おろしが出来上がるのだ。

しかも、クネクネとおろしにくいのを無理やりガシガシとすりおろすので、ゴツゴツした「鬼おろし」のようなワイルドな大根おろしになる。

いやー、これが本当にうまいのだ。

いやほんと、騙されたと思って是非やってみてほしい。いや何もベランダで干さなくたってよろしい。もしあなたの台所で、冷蔵庫の野菜室でほったらかしにして気づけばシワシワと小さくなった大根が底の方から発掘されたら、もう小躍りすべきなのである。何度も言うが、間違っても「しなびちゃった」などと言ってはいけない。「わあ〜、干し上がった」とニッコリすべき場面である。

あ、つい話が逸れてしまった。揚げを焼いていたのであった。

ジュワーッと焼きあがった厚揚げ（もしくはがんも）をひっくり返し、両面がこんがりとなったところでお皿にポン。その上からおろし生姜もしくは大根おろしをたっぷりかけて、醬油またはポン酢をぐるりとかけて、はい出来上がり。

いやもうね、これ以上「炊きたてご飯」に合うおかずなんてあるだろうか？

ただ美味しいってだけじゃない。熱々で、パリッとカリッとしていて、しかしどこまでも控えめで、美味しいんだがご飯より前には決して出てこない。

しかも、あまりにも簡単で早くできる。

しかもそこに最高の幸せがある。

かくして三日に一度の「炊きたての日」、我が昼飯タイムは永久のワンパターンに落ち着いた。「今日は何を作ろうか」などと考えることは全くなくなったのであった。

どうも、幸せとは案外に単純ですぐそこにあるものらしい。

……で、ですね、ここで我が幸福は着地したと思っていたのだが、事態はさらにとんでもないところまで進行していったのである。

先日、いつもの厚揚げで炊きたてご飯を食べていたら、ご飯が足りなくなってしまった。つまりは厚揚げが美味しすぎて、ご飯がどうもかすみがちなのである。で、量で対抗しようとするのでご飯が足りなくなるのだ。

つまりは厚揚げですら「ご馳走すぎる」のである。やや前へ出過ぎなのである。私はもっとご飯そのものを、あの主役そのものをもっともっと愛でたいのである。

ご飯をお代わりしてようやく厚揚げを食べ終わった私は深く反省し、次回からの「炊きたての日」のおかずは次のようなものになった。

梅干し、ぬか漬け、海苔、大根おろし。

さらには最近は、海苔と大根おろしは「どちらか一つ」でいい気がしてきた。両方あるとやはりご飯をお代わりしてしまうのである。

こうして私の食卓はどんどん単純になり、しかし単純になればなるほどご飯が美味しいのである。単純な塩気を肴に噛めば噛むほど、その奥深い美味しさに気絶しそうになるのである。

これこそが最高のご馳走なのだ。

自分で食べる米は自分で炊く

あ、つい興奮していろいろ語ってしまいましたが、ここで改めて、肝心の米の炊き方を詳しく説明したいと思います。

いや、正直言うとペンが震えます（キーボードですが……）。

だって私、料理の専門家でも何でもない一介の独身女に過ぎません。一方米の炊き方といえば、和食の基本中の基本。あまたの料理人、あるいは料理研究家の方々が、過去から現在にわたり、いずれも真面目に力を入れて解説しておられるところであります。

そこへ何を勘違いしたか、ノコノコとしゃしゃり出て行ってその米の炊き方なんぞを解説しなんとする私。

なので慌てて言っておきますが、口が裂けてもこれが「正しい炊き方である」などと言いたいわけではありません。

じゃあ何が言いたいのかというと「こんなんでもアリ」だと。

何しろこれから書くことは、専門家の常識から見れば、あまりにも手抜きで、ルール破りで、目をひん剝くようなことがたくさん出てくると思います。でも、私はこうして自分で炊いた米をきゃっきゃっと喜んで食べている。それが私にとって一番大事なことなのです。

そう、自分で食べる米は自分で炊こうじゃありませんか。

忙しい時は、レンジでチンタイプのご飯でもいい。コンビニで弁当を買ったっていい。しかしね、それはあくまでオプションとすべきです。いやしくもこの世の中を自分の足で立って歩いていこうと思うのなら、男であれ女であれ、自分で米を炊く力を失ってはならないと思うのです。

いやね、一度炊いてみればわかります。本当に気持ちがいいから。なんでこんなに気持ちがいいのかといつも考えてしまいます。

で、結局は「自由」を感じるからだと思うんですね。

米さえ食べてりゃとりあえず生きていける。誰に依存せずとも、っていうか実際には農家やスーパーに依存して米を買っているわけなんだが、少なくとも最終段階で「絡んでいる」だけで、随分と心持ちが違ってきます。

あら私、なんだかんだ言っても自分の力でちゃんと生きていけるじゃない……。いろいろあるけどまあ少なくとも食ってはいけるよな……。

どんなに嫌なことや辛いことに次々と襲われようと、米を炊くたびにそんなセリフが自分の中にこだまする。そうすると生きることは存外怖くないように思えてくる。何かと窮屈な世の中において、これはかなり貴重なことではないでしょうか？

だからまあ騙されたと思って！

炊飯器がなくても炊けるんです

で、私は米を鍋で炊いております。

というのも、会社を辞めて小さな家へ引越して、極小の台所ではカセットコンロと小鍋1個で全ての料理を賄わねばならないのです。で……。

炊飯器がなくても米ってちゃんと炊けるんです！

もちろんこんなこと知ってる人は当然知ってるんでしょうが、恥ずかしながら私はずうっと知りませんでした。

っていうかアタマでは知ってたんだが、私には無理、とてもできないと思っていたのです。だって「米を炊く」ってものすごく神秘的というか難しそうな気がしませんかね？　それが証拠に日本中の家庭のほとんどの台所には炊飯器がある。米を炊くというただそれだけのために、けっこうな場所をとる専用のマシンが常備されているわけです。

その事実を見るだけでも、いやー米を炊くって難しいんだ大変なんだって思わざるをえなかったのでありました。

でもね、やってみたら全然そんなことなかったんだこれが！

で、すっかり前置きが長くなってしまいましたが、いよいよそんな私の米の炊き方です。

あ、まずその前に、一つおことわりを。私はふだん普通の鍋で玄米を炊いているので、炊く前に最低一晩は水に浸けておきますが、白米を炊くときは浸水はしません。研ぐこともしない。それで十分美味しく炊けると思っております。

で、いよいよ炊いてみましょう！

①米と水を鍋に入れる

まずは、ここですよね。実は何と言ってもここが一番緊張するところなんじゃないでしょうか。

なぜって「水加減」ってやつを考えなきゃいけない。ここをしくじると、ベチャベチャのご飯になったり、逆に芯のあるご飯になったりという悲惨な結果になってしまう……。そう考えると腕がすくみます。

なので、つい炊飯器に頼りたくなる。あれなら目盛りが付いているから、その通りに水を入れればいいもんね。

でも、大丈夫です！　詳しくは後述しますが、水加減は、指を入れて第一関節まで浸る程度でオッケー。つまりは「だいたい」でいいんです。

②鍋を強火にかける

お次は火加減です。

これがまた、なんとも難しそうであります。

実はこれに関しては、昔から伝わる標語（歌？）がありまして、私、思えばこれにずうっと精神を支配されてきました。そう、あの小学校の家庭科で習った「始めチョロチョロ、中パッパ……」というやつです。

「始めチョロチョロ」??

えーっと……「チョロチョロ」って何？

っていうか、そもそも「始め」って一体いつからいつまでなの？　何分？

……と、頭の中にはナゾ信号が激しく点滅。

で、再び腕がすくむ。

しかしですね、そんなことは考えなくて大丈夫なんですよ！　始めチョロチョロ。今や思いっきり無視してます。いきなり強火。それで全くオッケーだったんです。

そして……。

③沸騰したら蓋を開けてしばらくそのまま強火
④水分が蒸発して米の表面ギリギリになったら、蓋をして弱火

ここです！　ここが肝心なんです！

つまりは蓋をしないで、強火で水分を飛ばしていく。そうすると水がどんどん少なくなって、ついに米の表面ギリギリになる。

これを自分の目でしっかりと確かめます。そうここさえクリアーすればもう、「べちゃべちゃ」ご飯になる心配は不要です。

そしてさらに、お楽しみの「アレ」が見えてくるのでありました。

そうですカニの穴！

知ってますかね？　うまいご飯が炊けた時は必ず出現するというあの穴！　小さな小さな落とし穴のような可愛らしい穴。それがまるで火山の溶岩のように、何個もポツポツと空いてくるのであります。

これが見えてきたら、おもむろに蓋を閉じる。つまりはこの段階で、すでに「うまいご飯が炊けた」ことはほぼ保障されているわけです。だってカニの穴は

確認済みですからね！
そして火をできるだけ弱めます。
で……。

⑤しばらくそのまま弱火。（玄米なら20分、白米なら10分ほど）
⑥火を止めて10分蒸らす

はい出来上がり！

ここで蓋をそーっと開ける時のドキドキと言ったら！

でも大丈夫。ちゃんと炊けてます。
そして当然カニの穴もあいてます！

繰り返しになりますが、結局のところ、米を炊く時の最大の恐怖は「水分が丁度いい具合に飛んでいるかどうか」ではないでしょうか。つまり、炊けたと思って蓋を開けたらべちゃべちゃだった、あるいは逆にカピカピで米に芯がある……。これがなんとも恐ろしい。だってもう手遅れじゃんよ！　この大量の失敗作は一体どうしたらいいのかとひたすら途方にくれる。

でも実は、そんな心配は全然必要なかったんです！
最初から蓋を開けておけばいいんです。水分がいい具合に飛んだと確認したところでおもむろに蓋をすればいい。ただそれだけのことだったんです。

なんだ！　と思いましたね。

で、しつこいようですが、この呪縛の原因ははっきりしていて、先ほど触れた、あの「始めチョロチョロ」です。
あのラストは、忘れもしない「赤子泣いても蓋取るな」。
赤子泣いても……ですよ！　これはもう尋常じゃない。非常事態です。それでも蓋は取っちゃいけないと。だからもう米を炊く上で最大の約束事は「蓋を取らない」ってことだと子供の頃から信じ込んでいた。もし一瞬でも蓋を開けてしまったら全てが台無しになるんだと思って何十年も生きてきたわけです。

考えてみれば世の中にこれほどの恐ろしいことってあるでしょうか？　最後の最後まで中を見ることができない。で、いざあけてみたら……「ギャー‼」……ほぼホラー映画。

しかし、そんな恐怖に耐える必要なんてそもそも全然なかったというわけ。

この「蓋取るな」ならぬ「蓋しない」方式の優れているところはもう一つあって、水加減に神経質にならなくていいところ。

私はこのやり方を始めてから、米を炊くときに「計量カップ」を使わなくなりました。前述のように、指を突っ込んで、だいたい第一関節の深さ程度でオッケーと確認するだけ。つまりは適当です。

それで大丈夫だったんです。だって蓋を開けて水分の飛び具合を確かめてるんだから失敗のしようがない。

で、私、このやり方を始めてから米を炊くことが実に楽しくなりました。

考えてみれば炊飯器も計量カップも、手錠みたいなものだった。それさえあれば米は炊けるが、逆に言えばそれにつながれていないと米なんて絶対炊けなかった私は実に不自由で無力でありました。実際、土鍋で「鯛飯」を作ることに凝っていた時代があったのですが、その時も炊飯器のメモリのついた釜でわざわざ米と水の分量を計り、それを土鍋に移していたのです。だってせっかく頑張って作ったものが水加減を失敗したせいで台無しになりかねないんですよ！　そんな悲劇にはとても耐えられません。

でも本当は、そんな心配はぜーんぜんいらなかったんです。蓋を開けておけば良かっただけ。失敗なんてありゃしない！

そうとわかったら、いやー本当にこれが自由なんだ。まるで羽が生えたようです。だって私、災害で電気が止まろうが、外国へ行こうが山奥へ行こうが、どこでもなんとか米が炊ける。つまりは生きていけるじゃないですか！

失敗する自由を取り戻せ

とまあさんざんエラそうに書いてきましたが、ここで勇気を出して本当のことを言いますと、っていうか今更ナンダって話ですが、今も米を炊くのにまあまあ失敗しております……。

え、「失敗なんてありゃしない」って言ったじゃん！

はい確かに言いました。しかし。

改めて胸に手を当てて振り返ってみれば、日々コレ失敗。いや食べられないってことはないんですよ。しかし「わあ〜美味しい！」という最高のご飯が炊けたのは、正直に告白すれば数回しかない。

いやね、その時は「よし、つかんだ」と思う。しかし次に炊くとどうも違うのです。「何か」が違うのでしょう。火の強さ。加熱時間。蒸らしに入るタイミング。微妙な水の量。あるいは浸水時間。その日の気温。考えれば考えるほど、ご飯を炊くという行為はあまりにも複雑です。変数が多すぎて、どこがどう悪かったのか、原因を突き止めるのは困難を極める。なので、日々一喜一憂しているのです。

でもね、いいじゃないですか。失敗するとなんだかんだと工夫する。それはなかなかに楽しいことです。何しろこの何もかも便利になった世の中では失敗するチャンスは失われる一方なんですから。失敗って今やとてつもない貴重品かもしれません。

さらにはこうして失敗を重ね続けたおかげで私、一つの素晴らしい結論にたどり着いたのであった。

結局、「失敗」なんて世の中にないのである。「失敗」と名づけるからいけないのだ。

例えばパサパサのご飯ができたとしましょう。そうしたら「わあ〜、硬いパラパラのご飯が炊き上がった‼」と思えば良いのである。「チャーハンの材料ができた！」と。（注・チャーハンはパサパサご飯だと簡単に作れる）

つまりネーミングを変えるのだ。成功だの失敗だの、人生はそんな二者択一で分けられるほど単純じゃない。それは米を炊くことにおいても同じはずではないか。

というわけで、先ほど「失敗ばかりしている」と書いたばかりではあるが、言い方を間違えていた。

私はいろいろなタイプのご飯を日々炊いているのである。

近頃では、どういうタイプのご飯かによって、その日のメニューが決まる。うまく炊けた炊きたての日はご飯が主役。おかずは最小限に、ご飯を心ゆくまで味わう。

パサパサの日はチャーハン日和。ちなみに私のチャーハンは鍋を振ったりしません。ご飯と具を適当に混ぜて、少量の油を混ぜ、蓋をぴっちり閉じた小さなダッチオーブンで中火で数分。それだけでパラパラの香ばしいチャーハンの出来上がり。パサパサご飯ならではの技である。

パサパサを超えて硬くなった、あるいは逆に水分が多すぎた場合は「おじや日和」。水と昆布と野菜と油揚げを適当に混ぜて「ジヤジヤ」と加熱し、最後に味噌を入れて出来上がりである。

いやー、どれも実に実に美味しい。こうしてみると、ご飯ってどんなことになっても「やり直し」を許し、全てを包み込んでくれる懐の大きな食べ物である。

「小さな幸せ」という無限の可能性があれば

と、ご飯について熱く語っている私。そして、これだけ書いてもまだまだ熱く語りたいと思っている私。しかし考えてみればほんの数年前まで、ご飯になんてさほど興味はなかった。っていうか、何の興味もなかったのである。

一体どうしてこんなことになっているのか？

それはきっと、こういうことなのだ。

そう、ただのご飯。あって当たり前のご飯。誰も盛り上がらないご飯。味もほとんどしないご飯。

しかし「メシ、汁、漬物」を食べ続けて生きると決めた以上、その美味しさを私は味わわねばならない。何しろご飯が主役なのだから。私にはこれしかないのだから。

覚悟を決めて、集中する。味がしないご飯の中へ中へ。

すると「薄い」としか思っていなかったご飯の中に、無限の世界があることがわかってくる。

そうご飯って、甘いのだ。実に。

でもそれは、ケーキのような、なにはせずとも先方から「ほら甘いよ、甘いよ」とわかりやすく迫ってくる甘さなんかじゃない。

そうじゃなくて、こっちから取りに行かなきゃわからない甘さである。暗い洞窟に放り込まれ、何があるのか注意深く手探りで奥へ奥へと少しずつ進み、そこにひっそりと佇む甘さにようやく気づくのだ。

それはもはや宝物である。入り口で手招きする厚化粧の女（ケーキ）など比べ物にならない、洞窟の奥の奥にある貴重なダイヤモンドである。

で、毎日メシに集中していると、そんな食べ方がすっかり身についてくる。

すると、味にどんどん敏感になる。密やかな美味しさを発見してはびっくりすることの繰り返しである。

小豆を玄米ご飯に炊き込んだときは、一口食べただけで「うわ、甘っ！」と驚いたのであった。ただの飯でも甘さを感じて幸せになっていた身には、小豆は爆弾級の威力があったのである。

味をしめて大豆を炊き込んだ。これはまたメガトン級の甘さであった。びっくりして腰を抜かしそうになった。

なんなんだこの無限の世界！

まさに「気の持ちよう」だけで、我が食生活の楽しみは飛躍的に広がったのだ。


でもこれまでは、そんなことにはついぞ気づかなかった。ステーキの強烈な旨味、お菓子の魅惑的な甘さ。あれも食べたい。これも作りたい。ひたすらそういう美味を追い求めていたときは、そんな密やかな味はすっかり隠れてしまい、意識を向ける暇もきっかけもなかったのだ。

そう、大きな幸せは小さな幸せを見えなくするのである。そのうちに、見えないだけだということも忘れてしまう。小さな幸せなど全く存在しないかのように思い始める。そして、さらなる大きな幸せばかりを求めるようになる。
でも本当は、小さな幸せの中に無限の世界がどこまでも広がっているのだ。

3

女は黙って味噌を湯で溶かす

出汁《だし》という呪縛からの脱出

✧ あとは味噌汁さえあれば

さあ、メシは炊けた！

おめでとうございます。これであなたの人生の自由は6割がた保障されました！


たとえ明日会社を辞めることになろうが、妻や夫が突然家から出て行こうが、自分を取り巻く世界が予期せぬ悪い方向に大転換しようが、つまりはどんなにひどいことに見舞われようが、何はともあれ米さえあれば。そしてその米をなんとか食べられるところまで自力で調理できれば。

我々はどうにかこうにか前を向いて生きていけるのではないでしょうか。


しかし。

非常時はともかくとして、やはりご飯オンリーで長い人生を乗り切っていくとなると、体にも心にも無理があると言わねばなりません。さすがのストイックな私もそこまではちょっと。

なのでもう少しだけ行動を。

と言っても心配にはおよびません。所詮残りは4割です。それほど大変なことが待ち構えているわけじゃありません。

そう。あとは味噌汁さえあれば。

✧ 究極の「1分味噌汁」

何といっても味噌汁の優れているところは、「作り方」を覚える必要が全くないところです。レシピ本なんぞ不要です。

っていうか、「よし、味噌汁作ろう」と考えた時点で、もう8割がた出来上がっていると言ってもいい。

何しろ、読んで字のごとく。名前そのものがレシピであります。

「味噌」の「汁」。

そう。つまりは味噌に湯を混ぜて汁にすれば良い。これで立派な一品の完成。1分もあれば十分。

具なんてあったってなくたっていい。だってすでに「味噌」が入ってるじゃないですか！　味噌って見ただけだとなんだか正体がよくわからない茶色いペーストですけれど、考えてみれば元は大豆です。それが発酵してより栄養がアップしているんですから、味噌そのものが具と考えたっていいんです。

要するに味噌汁って我が国の先人が生み出した、太古からのインスタント食品だったんです、実は。コンビニへ行かなくたって全然大丈夫なんです。

しかもですね、温かい汁があると食事の「シアワセ度合い」が信じられないほどアップします。

　何度も言いますが、時代劇を見ればわかります。どんな貧乏人も、食事の時間は実に幸せそうで、さらによく見るとその幸せは、味噌汁を飲んだ時にピークに達するのがわかります。味噌汁をずーっとすすった瞬間、誰もが表情をふわっと和らげる。いやホント。

　つまりは心も体も満たされる。つまりはダイエットにも最適。なんか満腹感がないなと思ったら味噌汁をもう一杯飲んでみてください。お腹も心もタポタポです。温かいので消化力もアップ。さらに聞くところによれば腸内環境にもいいらしい。

　というわけで、これを作らない手なんてないと、私は毎食毎食、必ず味噌汁を作って食べております。

　……なーんて今でこそこのように力説しておりますが、実は私、以前は味噌汁を作って食べることなんてほとんどありませんでした。だって家族がいるならともかく、一人分のチマチマした量を作るとなると、ものすごく面倒くさいと思っていたのです。

　はて一体なぜそう思っていたのか。

✧出汁《だし》は誰でも持っている

まず最大のハードルは「出汁」。味噌汁といえば「出汁を取る」と信じ込んでおりました。

もちろんインスタント出汁を使えば、パッパッと「魔法のお粉」を振り入れるだけですから面倒なことなんて何もありません。我が母も、若い頃はずっとこれを使っておりました。あの時代はみんなそうだった。逆に言えば、誰もが「出汁をとる」ことが面倒だと思ってたってことですね。

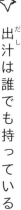

しかし時代が変わって世間から化学調味料が少しずつ消えていくと、あの味がどうも濃いというかキツいというか苦手になってきたのです。で、就職して一人暮らしを始めた私は天然出汁のパックを買うようになりました。ティーバッグみたいなものを鍋にポンと入れて煮込めばいいので、まあ手軽です。

とはいえ。

いずれにしても、鍋を1個使い、コンロを一口占領し、具と出汁パックを入れて煮込み、具が柔らかくなったところで味噌を溶き入れねばならない。

うーん……。

もちろん、それだけを取り出せば大した手間でもないし難しくもありません。でも他にもいろいろおかずを作り、さらに味噌汁まで作るとなるとですよ、この「ちょっとした手間」がバカにならないハードルとなって我が身に迫ってくる。

しかも、頑張ってそのハードルをエイッと越えて作ったとしても、出来上がったものは華やかな料理でも何でもありません。

ただの味噌汁。

地味すぎます。「よし作ったぜ」という達成感は非常に薄い。

というわけで、どうしても「うーん、あったら食べたいけど、まあ省略するか……」という気分になってしまいます。そんな日々が続くとますます味噌汁の地位は低下し、「あってもなくてもいい付け足し」になってくる。で、ますます作ろうという意欲が失せる……。

そんな日々が変化したきっかけは、会社員時代の弁当生活でした。新聞社でデスクという仕事をすることになり、夕食時も昼食時も会社にいなければならず、社員食堂もあったが毎日は飽きる。なので弁当を持参。でも弁当って冷えています。毎日のことだから何か温かいものが食べたくなる。で、コンビニでインスタント味噌汁を買うようになりました。お気に入りは「生味噌タイプ」。チューブに味噌が入っていて、乾燥した具とともにお椀に入れてお湯を注げば出来上がり。これだけで弁当ライフの満足度は格段にアップです。

しかし、毎日毎日チューブから味噌を絞り出しているうちに、はたと気がついたのです。「これって別にチューブの味噌を使う必要なんてないんじゃ……？」

味噌を1パック買って会社の冷蔵庫に保管し、ひとさじずつお椀に入れれば同じことじゃないの。具も、スーパーで乾燥ワカメと麩を買ってきて机の引き出しに入れておき、それをひとつまみずつ入れればいいのです。

で、出汁は？

そうだ。鰹節をそのまま入れればいいじゃないの。

かくして引き出しの中には鰹節のパックも加わった。多少歯に引っかかるが、自分で食べるんですからどうってことない。

さらに回を重ねるごとに、マイ味噌汁はどんどん進化していきました。具には市販品だけでなく、ベランダの干し野菜も投入。干しエノキ、干し大根、干しタマネギ、干しキャベツなど何でもいいのです。

そうなるとですね、次第に出汁、つまりはカツオは入れなくても十分美味しいということがわかってきた。むしろカツオはあまりに強烈な旨味があるので、これを入れると全てが「カツオ味」に染まる。具に何を入れようが、味は圧倒的にカツオ。美味しいんですよ確かに。でもいつも同じ味。

つまりは驚いたことに、食べ物はカツオならずとも、なんだってそれぞれに旨味を持っているらしいのです。私、ずうっと「出汁」ってカツオと昆布のことだと思っていたんだが、出汁、すなわち旨味を持っているのは一部のエリート食材だけなんかじゃなかったのである。旨味の種類や強さが違うだけで、すべてに旨味があるのです。

いやこれって人間もそうじゃないのか……なーんて思ったり……。

最強！ 干しエノキ

そうこうするうちに、この方法は弁当に限らず、家のご飯もこれで十分じゃないかと気づいたのでありました。つまりはわざわざ鍋1個を使わずとも、お椀に味噌と具を入れて湯を注げばいいのです。これだと作りすぎて鍋に残ってしまうこともなし。簡単。ノーストレス。そして美味しい。

となれば毎食味噌汁が食べられる！ 言うことなし。

で、改めて申し上げると、このイナガキ流味噌汁のキモは「干し野菜」を入れるというところだと思います。

というか冷蔵庫のない我が家では、余った野菜を保存するメーンの手段が「干す」ことなので、ベランダでは常に干し野菜が待機している。なのでそこから適当にむんずと一掴みしてお椀に入れるってだけのことなんですけどね。

しかしこれがなかなかに優秀なのでした。

まず第一に、干されているということは太陽がすでに半分火を通してくれているということなので、つまりは「半調理済み」なので、ただお湯を注ぐだけですぐに食べられる。

例えば朝にタマネギをスライスして干しておき、夕方帰宅したところでしんなりしたタマネギに味噌と湯を注げば絶妙に火が通ったタマネギの味噌汁が完成。

これが生から作るとなると、鍋で数分間グツグツ煮なければ食べられません。そう思うと、太陽とは実にガスコンロのごとき熱源であります。しかも誰に対しても無料。これを使わない手などあるでしょうか。

そして第二に、干した野菜は味がギュッと凝縮されるのでありました。つまりは旨味も濃くなっている。だからカツオなんぞ入れなくても旨味たっぷりの味噌汁が出来上がるというわけです。これが生の野菜だとこれほどの旨味は出ない気がします。

そんなこんなを総合して、私が勧める味噌汁の具ナンバーワンは干しエノキ！

近所の八百屋さんで、エノキが大2パック100円で売られているとすかさず購入。エノキってしょっちゅう安売りされているんですよね。思うに、それは腐りやすいからなんじゃないか。悪くなる前に売りきっちゃおうということなんじゃないかと思うんですね。

確かにエノキって、冷蔵庫に入れっぱなしにしておくと、気づいたらグズグズになっていたりしませんか。買ったら慌てて食べなきゃいけないものの一つです。

しかし、私にはそんな心配は全くありません。帰宅するとすぐにパックから取り出し、束をバラバラにして、ベランダのザルの上に広げておく。

水分たっぷりのエノキは、天気のいい日は半日でワラのようにカラカラになります。

これが「干しエノキ」です。

で、これが旨味たっぷり！　生のエノキにはない「キュッキュッ」という食感もたまりません。

考えてみれば、干し椎茸の戻し汁が美味しい出汁になることはよく知られているのだから、同じキノコである干しエノキだって負けちゃいないのは当たり前です。もちろん椎茸もシメジも舞茸も同様に干すことができます。しかし干し時間の短さと安さ、美味しさを考えると、気づけばエノキを買ってはせっせと干しているのでありました。

✧そのほか何でも干してみよう

近頃では、スーパーなどでも袋入りの「干しネギ」とか「干しゴボウ」とかいろいろな干し野菜が売られています。また、田舎の道の駅などでは干した海藻と干し野菜と乾燥麩などをミックスさせた「味噌汁の具」なんていうものもよく見かけます。

もちろんそれを買ってもいいのです。味噌と湯を混ぜて、ここにその具を投入さえすれば、本当に簡単に味噌汁が出来上がるということをぜひ体験してほしいと思います。「料理」ってものが随分と気軽で簡単に感じられること間違いなし。

しかしもちろん、わざわざ買うまでもないのです。っていうか、実際に自分で野菜を干してみたら、買うことが物足りなくなるに違いありません。第一に、買うよりも圧倒的に安いです。さらに自分で作ればどんな野菜も干し放題。売っていない干し野菜も無限に作れます。

そして作り方は超簡単。野菜が残ったとき、ほとんどの人は「ラップで包んで冷蔵庫に入れておこう」と思うのでしょうが、ちょっと待った‼ その野菜を好きな大きさにカットして、ベランダや日の当たる窓際に置いておくだけ。

天候にもよりますが、雨にさえ気をつけていれば（雨にあたるとたちまちカビる）必ずいい具合にしんなりしてきます。なにもカラカラになるまで乾かなくたっていい。半乾きのまま、味噌汁の具だけでなく、炒めもの、煮物、揚げ物などあらゆる料理の食材になってしまう。

つまりは野菜の保管場所を「冷蔵庫」から「ベランダ」へと変えるだけで料理の手間も時間もぐっと減ってしまうんです！

そうたったそれだけで、あなたが会社で働いたり家で掃除をしたり買い物をしたりしている間に、勝手に太陽が調理をしてくれる。給料くれとか、休みくれとか、そんなことも一切言わない。ただただ無償の愛を注いでくれる。いやなんとありがたいことでしょう。

で、干しエノキのほか、私が味噌汁の具におすすめする干し野菜は以下の通りです。

干し大根
干しタマネギ
干し長ネギ
干しキャベツ
干し白菜

味噌汁に入れるサイズにカットしてから干しておけば、そのままお椀に投入するだけ。

✧ 何もなければワカメと麩、そして鰹節

いやこれはもう説明不要ですね。題字の通りです（笑）。

乾燥ワカメと麩を常備しておけば、干し野菜を切らしていても十分に素晴らしい味噌汁が出来上がります。つまりはワカメと麩と味噌をお椀に入れて湯を注ぐだけで「ワカメと麩の味噌汁」が立派に出来上がります。

個人的に「麩」が大好き。柔らかくて、つるんとして、食べるたびに心にホワンと幸せの火が灯ります。しかも保存がきいて瞬時に火が通る。欠点一つもなし。スーパーに行くと、油麩、板麩、手毬麩など、各地方で生まれた様々な伝統の麩があり、順番に試していくだけでも楽しい。

そしてこれはいうまでもないことですが、鰹節があれば、それと味噌を溶くだ

けで、カツオの香りいっぱいの食卓が完成します。これぞ日本人のDNAを直接刺激する魔法の味だと思います。

で、せっかくご馳走のカツオを使うのですから、小口切りにした青ネギをたっぷりと投入してはいかがでしょうか。魚臭さと爽やかなネギの香りがベストマッチです。もちろんネギなんて火を通しすぎないほうがいいのですから、鍋で作らずとも、お椀に味噌とカツオと青ネギを入れて湯を注ぐだけ方式でオッケー。

ご馳走味噌汁ならば堂々のメーンディッシュ

もちろん「湯を注ぐだけ」じゃない味噌汁を作っちゃいけないというわけじゃありません。

鍋を使って少し時間をかけて作る味噌汁。

それはもうそれだけで立派な「大ご馳走」と言えましょう。

で、私は冬の日の夕食は、ほぼ「味噌汁」と決めております。

メーンディッシュが味噌汁。

え？　それだけかって？　それはあんまりじゃないかって？

いやいやそれは偏見というものです。っていうか「味噌汁」っていうからイメージが限定されるのかもしれない。味噌味の鍋。味噌味の具沢山スープ。そう言い換えれば堂々の夕食のイメージになるんじゃないでしょうか。

ペレ信子さんというフランス生活の長い女性が書いた『フランス流しまつで温かい暮らし』によると、フランスの女性はほとんどが仕事を持っているので、手抜きも上手なのだとか。その好例としてペレさんが紹介しているのは、「平日の夕食はほぼ毎日、野菜スープを食べる」ということ。

「週末に野菜スープを鍋いっぱいに作り、来る日も来る日もそれで済ませてしまう。健康的だし、合理的でしょ？」

ナルホドまさに健康的だし、合理的です。

で、私と同じじゃないですか！（笑）

ただし私の場合は、冷蔵庫がないので作りおきはせず、食べるその日に作る。

そして味噌を溶き入れるという違いはありますけれど。

で、そのご馳走味噌汁の作り方。

……といったって、実に簡単です。

まずは鍋に水と、細かく切った昆布と、具を入れて、煮込む。そうせっかくインスタントじゃない味噌汁を作るんですから、ふだんは使わない「昆布だし」などというものを味わってやろうじゃありませんかと思うわけです。で、ここぞとばかり煮込まないと食べられない野菜を使います。サトイモ。サツマイモ。カボチャ。ニンジン。大根。ゴボウ。このような野菜は体を温めるそうですから、まさに冬にはぴったりなのです。

そして忘れちゃいけない油揚げ。これがまた幸せな優しい味をアップします。油で体も温まるしね。

例えば、ある冬の日の夕食はこんな具合です。

サトイモと長ネギと油揚げをサイコロ状に切り、千切りの生姜とともに、昆布入りの水の中に放り込んで煮込みます。

で、野菜が柔らかくなったら味噌と酒粕を溶き入れる。さらに寒さが厳しい日はゴマ油をひと垂らし。

これをふうふうしながら食べる。

で、忘れちゃいけない燗酒！

実はですね、野菜と一緒に徳利も一緒に鍋に入れて燗をつけておいたのです(笑)。何しろ我が家はカセットコンロが一口ですから貴重な熱源を無駄にはできません。しかしこれがまるで茶碗風呂に浸かる目玉おやじのようで、ビジュアル的にも味があってなかなかよろしい。

で、ふはふはと具沢山の味噌汁をつつきながら、あつーくなった極上のお酒をちびちびいただく。「ふはあ〜」とため息をつく冬の夜を楽しみます。暖房が無くてもたちまち汗が噴き出してくる。温泉に入っているかのような幸福がそこにあります。フランス人のスープとパンも素敵でしょうが、味噌汁ディナーも全く負けちゃいません。

というわけで私、冬は毎日コレです。コレでいいんです。

4

あとは旬の野菜さえあれば

安く食べずにいられない

食費なんて微々たるもの

もう随分と前のことになるが、姉一家がパリに住んでいた。なので毎年夏休みは必ず意気揚々とパリへ飛び、一家が住むアパルトマンに泊めてもらった。思い返せば夢のようなハイカラな数年間であった。

とはいえ、実際に行ってみるとパリでそんなにやりたいことがあるわけでもないのである。有名な美術館はあまたあれど、そもそも日本で美術館なんてほとんど行ったことのない輩が急にふむふむと名画の数々を見たところで所詮は猫に小判である。

なので何が一番楽しみだったと言って、日々の買い物をする姉の後にくっついて、近所のマルシエへ行くことであった。

マルシエ！　いかにもパリじゃんよ♡

姉には育ち盛りの子供がいたので、食材はいくら買っても買い足りないのであった。露店の青い目のおばちゃんとやり取り（と言っても身振り手振りだが）しながら買い物用のカートが満杯になるまで野菜やら果物やら肉やらをバンバン放り込んでいくのはなんとも心躍る体験であった。

で、その姉が解説してくれたところによると、フランスでは「ジャガイモとニンジンとタマネギ」で生きていこうと思えば、お金なんて全然なくたって大丈夫だというのである。つまりはこの三つは激安なんだと。なるほど。確かに安い。具体的な値段は忘れたが、わずかな小銭をチャランと払えば両手に抱えるほどのジャガイモがどんどん手渡される。

で、考えてみればこの三つって全部「ポトフ」の材料だよね。そうかあれって実は貧乏料理だったのか。それであんなにお洒落なものができちゃうんだもんな。お金なんてなくたって素敵に暮らせる。

さすがはフランス。パリってなんてスバラシイ！

……と、心から感心したのでありました。

しかしですね、今の私はきっぱりと断言いたします。

私、バカでした。日本、パリに全然負けてません。

初めて「旬」ってものの凄さを知る

自分で料理さえできたなら、実は食費なんてほとんど要らないんじゃや？

そう気づいたのは、実はかなり最近のことである。


思い返せばずっと長いこと料理をしてきたにもかかわらず、食材の「値段」ってものに関心を持っているつもりが全然持っていやしなかった。

料理といえばまずレシピ本を見て「今日はこれを作ろう！」とガッチリ決めて、それから買い物へ行った。だから、例えばスーパーでトマトの隣に激安大根が売られていたとしても、今日はトマトの料理をしようと決めた日には全然そっちに関心も目も向かないのである。

「眼中にない」とはまさにこのことだ。


ところが約10年前、会社の転勤で四国の香川県に住むことになり、近くの野菜直売所に通い始めたことが思わぬ転機となったのである。

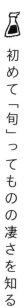

今でこそ野菜の直売は道の駅や都心のイベントなどでポピュラーになってきているが、当時はまだまだ物珍しい存在であった。なので単純な好奇心で通っていたのだが、そんな私の目にもガンガン飛びこんで来るその激安ぶりと言ったらとにかくビックリするほど野菜が安かったのである。

白菜だの大根だのずっしり大きな野菜も、山盛りのキュウリだのナスだのも、丸ごとのカボチャも、ザルいっぱいのキノコも、全て100円レベル！

というわけで、近所のスーパーで野菜を買ってる場合じゃやなくなった。休日のたびに直売所へ出かけては両手いっぱいに野菜を抱え、それでも全部合わせて500円レベル！　私ってなんて買い物上手なのかしらと、一人ホクホクと優越感いっぱいに過ごす日々。

で、そうこうするうちに、私はある重要なことに気づいたのである。

確かに安い。しかし、直売所における野菜の品揃えは実に「偏っている」のだ。

例えば、私が道の駅で最初にハマった野菜が「赤カブ」であった。都会のスーパーじゃあ見たこともなかったので見かけるたびに嬉しくなり、必ず買っては酢漬けにして喜んで食べていたのだが、ある時期から、どの道の駅へ行ってもぱったりと見かけなくなった。あらどうしたのかしら?

それだけじゃない。私は大根が大好きなんだが、なぜだかどの直売所へ行っても、全く置いていない日がある。なんだよー、一般的な野菜なのにどーして??

で、ほどなくしてその理由がわかった。

野菜とは年中採れるわけじゃないのだ。種類によって収穫時期が決まっていたのである。

……いや、これを読んで多くの方が「バカじゃない?」と思われることでしょう。でも言い訳するわけじゃありませんが、私とて野菜には「旬」というものがあるということは頭ではわかっておりました。でも今改めて考えると、それは本当に「頭では」というレベルであって、実際には全く理解していなかったのです。

改めて直売所の野菜をよく観察してみると、野菜の旬というのは実にハッキリしていた。というか、融通が全く利かないのであった。

例えばトマトやらキュウリやらナスやらピーマンやらは、梅雨を過ぎてジリジリ暑くなって来ないと登場する気配もないのである。つまりはトマトのサラダが食べたいと思っても、それはいつでも食べられるもんじゃないのだ。夏のみに許される献立なのである。

しかし、スーパーではトマトがない季節なんかない。

じゃあスーパーに行ってトマトを買えばいいじゃないかって？　まあそうです。

しかしね、私はもうそんなことをする気は全くなくなってしまった。

なぜかって？

だって旬の野菜ってめちゃくちゃ安いんだもん！　って言うか、旬じゃない野菜は高い。冬に買うスーパーのトマトは実に高いのである。つまり私が「道の駅ってなんて安いんだ！」と感激していたのは、何のことはない、道の駅には近所の農家で採れた旬の野菜しか置いていないからだったのである。

かくして私は、旬というものに初めて出会ったのだ。

つまり旬は安い。激安である。

……いや、考えてみれば家庭科の教科書のどこかに「旬の野菜は安い」とちゃさんと書いてあった気がする。しかしスーパーじゃあ年中いろいろなものが特売されているので、何が安いんだか高いんだかどうにもわかりづらいのであった。例えば冬のある日、350円のトマトが今日は298円ですよと赤字でデカデカと書いてあれば、それは安い！　と喜んでいたのである。

しかしおそらくは、今にして思えばその横では葉っぱ付きの大きな大根が100円で売られていたのだ。

全く人間の認知能力というのは実に頼りないものだ。見ているようで見ていない。298円のトマトを買って「わあ得しちゃった」と信じ込んでいたバカな自分のバカさ加減に気付くことすらなかったのである。

というわけで、遅咲きの「旬デビュー」を果たした私が自信を持っておすすめする、季節ごとの「激安・旬御三家」をご紹介したい。

これさえ食べていれば、イヤ本当に「食費って何?」と思わざるをえないこと請け合いです。もちろん直売所が近くになくたって、近所の八百屋さんやスーパーだって十分に安いのです。

「激安御三家」大公開

夏の御三家　ピーマン・ナス・キュウリ

だいたいどれも1袋100円前後です。

トマトはちょっと高級品なので外しましたが、でもこれも夏は安くて美味しい。夏の女王様です。

さてこれをどうやって食べましょうかね。

ぬか漬け

まずはなんといってもぬか漬けです。ナスもキュウリもピーマンも。トマトは大きいのは無理ですがミニトマトは是非ともお試しください。これさえあれば、基本、もうおかずは他にはいらないとすら思います。ご飯のお供にも、お酒のアテにもバッチリ。夏はぬか漬けの季節です。

しかしもし、時間に余裕があるので何かもう少し手を加えたいというのであれば、このぬか漬けを使っていろいろな料理もできます。

まずは、これを料理と言っていいかは別として、ぬか漬けの上からオリーブオイルを一滴たらす。ぬかの香りと、オリーブオイルのクセが絶妙にミックスされて、まさに驚きの「ご馳走」です。いやホント。これは是非ともお試しいただきたいです。

さらにアレンジするならば、このオリーブオイルを垂らしたぬか漬けの上から粗挽きの黒胡椒をぱらり。ここに市販のチーズを添えて、ぬか漬けの上にチーズをのっけて（もちろん逆でも）食べる。

いやー、もう、これは、全く……最近、これ以上に洒落た酒の肴を食べたことがありません。

発酵食品同士は、何を組み合わせてもぴったり合うので、ぜひいろいろとお試しいただけましたらと思います。

次は炒め物。ぬか漬けを炒め物の具材にするのです。それ自体に味が付いているので、味付けはごくシンプルでオッケー。私のお気に入りは、厚揚げとぬか漬けの炒め物。もちろんひき肉やこま切れの肉でも。味見をしながら、もし足りなければ適当に塩や醬油やポン酢をたしてみてください。

サラダの具材にするのもおすすめです。レタスやらクレソンやらサラダ野菜を適当にちぎって、そこに千切りにしたぬか漬けを投入し、オイル（ゴマ油かオリーブオイル）とポン酢をかけてざっくりと混ぜれば出来上がり。つまりはサラダに生野菜だけでなくぬか漬けを使うというだけのことですが、それだけで大人っぽく、酒の肴にもぴったりなサラダになります。さらに手を加えたければ、レーズンやらゴマやらナッツやらを散らせばグレードアップ。ゆで卵やゆで肉を入れればボリュームサラダに。

細かく切って納豆と混ぜる。納豆も発酵食品だからね。そう、発酵食品同士は相性がいいのです。これも当然のことながらお酒やご飯のお供にぴったり。

もちろん焼きそばやチャーハンの具にも最適です。適当な大きさに切って、ゴマ油でご飯とパラリと炒めて、もしあれば鰹節を混ぜると相性バッチリ。鰹節も発酵食品ですからね。ボリュームがほしければ肉でもジャコでも卵でも加えてください。で、醬油をジャッと入れて完成です。

夏にそうめんやそばを食べるとき、千切りにしたぬか漬けをのせて、上からめんつゆやポン酢をぶっかけて食べるのもおすすめ。オイルを足せばサラダ風に。

以上、ぬか漬けシリーズでした。

味噌汁

ナスとトマトは味噌汁の具に是非とも。ナスはとろりとなって気絶ものの美味さです。ミョウガを縦に細く切って入れるととても相性が良いと思います。

トマトはあまり味噌汁のイメージがないかもしれませんが、もう是非ともやってみてください。適当にザクザク切って入れるだけで、わざわざカツオや昆布を入れずとも爽やかな出汁にもなります。真っ赤な色も食欲をそそる。二日酔いの日は、このトマトの味噌汁に酢を足して飲むのが私の定番です。

味噌炒め

夏野菜は味噌との相性がいいので味噌炒めもおすすめです。

単独でも、複数を組み合わせても。テッパンなのはナスとピーマンの組み合わせ。ここに厚揚げを入れればボリュームアップ。トマトと厚揚げの味噌炒めも非常に美味しい。もちろん肉好きはお肉でどうぞ。

今度は御三家それぞれの素材別に解説しますね。

ピーマン

ピーマンは本当に安いと思います。1袋たくさん入って100円が当たり前。申し訳ないほど。なのでどんどん買ってどんどん食べる。

私が一番好きなのは、丸ごとフライパンで弱火でじっくり焼くこと。油なんていりません。柔らかくなるまでしっかり焼けたら、醤油かポン酢をかけてパクリ。いやー、とろっとろです！　しかも焼けた皮が絶妙に香ばしい。大ご馳走です。もちろん中の種も一緒にいただきます。

ちなみに私は、この料理に限らずピーマンの種は取りません。硬くもないし歯にも触らず、つまりは種を取ろうが取るまいが言われなきゃ気づかない。ゴミも出ない。栄養もあるらしい。それになんといっても台所に種が飛び散ることもなく、ピーマン料理が億劫じゃなくなります。サラダに入れる時も、そのままザクザク切って種ごと食べます。なんの問題もありません。

なので生のまま、細く切って、味噌や醤油やポン酢やラー油や好きな味付けで食べるとなれば文字通り瞬間料理。夏!!っていう味がします。泣けてきます。

子供の頃ピーマンなんて世界から消えてなくなれと思っていました。ごめんなさい。今はあなたが我が食卓の花です。

ナス

焼きナスは美味しいものですが、自宅でやるのは案外に大変です。なのでこれはプロに任せて外で食べることにしています。揚げ出汁ナスも同様。大好きですが家では作りません。

私が作るのはもっぱら、縦半分に切って、切れ目に味噌を塗りつけて、フライパンに並べて（味噌を塗った面を上にして）蓋をして焼く。文句なしのご馳走です。ポイントはヘタを取らないこと。うそ〜って思うでしょ？　でもヘタが実にうまいのよ。騙されたと思って是非。

食欲がない時はナスそうめんっていうのもやります。これはかつて勤務していた香川の郷土料理の本で知ったのですが、適当に切ったナスをめんつゆ味の汁で煮て、茹でたそうめんにかけて食べる。食欲がなかったことなど忘れてツルツル止まりません。

キュウリ

キュウリは体の熱を取るそうです。だから冷房なしで暮らす私は、暑くなってくるとどうにもキュウリが食べたくなる。暑い日ほど最高。ポリッとかじって味噌をつけて食べる。もろみ味噌があれば「もろきゅう」ですが、普通の味噌でも十分。

もうちょっと余裕があれば、適当に切って塩で揉む。で、水気を絞り、お酢と、ラー油やら辛い味噌（豆板醤とかコチュジャンとか）やらを混ぜて、しばらく置いて色が悪くなったところを食べる。夏に酸っぱいものは美味しいのです。

あと意外なところでは炒めてもうまい。味はなんでも。油で炒めて、塩胡椒。あるいは味噌。あるいは酢醤油。味見して好みの味にしてください。私は酢をたっぷり合わせたい。油揚げも入れたいなあ。

きゅうり寿司っていうのも夏はよくやります。薄くスライスして塩で揉み、薄揚げを焼いて細く切ったものや、しらすとともに酢飯に混ぜる。ミョウガや新生姜の細切りを混ぜても。爽やかな夏の寿司。

冬の御三家　大根・白菜・ネギ

これも、驚くほど安いのです。どでかい大根や白菜が１個１００円とかで売っていることが珍しくありません。でかい大根１個食べきろうと思ったら、毎日大根づくしでほぼ一週間かかります。

ってことは……一日に換算すると15円？

食費って一体何だろうと思ってしまいます。

大根

ちなみに私がでかい大根を１本買ったらどうするかというと……。

まずは葉っぱを適当な大きさにカットします。これは味噌汁の具にもなるし、豆腐や厚揚げと炒めて醤油味で食べれば絶品。鰹節をかければ大ご馳走。

塩もみするだけでも美味しい。すりゴマと混ぜてちらりと醤油をかけて、ご飯に混ぜて食べる。スーパーへ行くと葉付き大根の葉っぱが捨てられていることがあるので、いつも持って帰りたくて仕方がないのです。恥ずかしいのでまだ実行していませんが。

それでも余ったら干す。カラカラになったものはいつでも即席味噌汁の具になります。

そして大根本体。

まず下半分を千切りにしてベランダで干して切り干し大根に。これは味噌汁の具にもなるし、戻して酢をかければサラダのように食べられるし、油揚げや高野豆腐と一緒に醤油味で煮付ければ昔ながらのみんな大好きなおふくろの味。

上半分は、そのまま外に置いておく。そうするとだんだんしなびて少しずつ縮んできます。そうこれが、第2章のご飯のお供としてもご紹介した「干し大根」！私は非常に珍重しております。

これを大きく切って煮付けたら大根煮。すでに太陽の火が入っているので煮上がるのも早く、味も濃いのです。油揚げや干し椎茸、さらにボリュームがほしければばブリのアラやベーコンと一緒に煮たら、もう本当のご馳走です。

そして、これをおろすと例の「干し大根おろし」。ややしなしなしておろしにくいのが難点ですが、これを知ってしまうと普通の大根おろしは水っぽくて食べられません。つまりは味が濃く、非常にワイルドで食べ応えがある一品となるのです。焼いた厚揚げや焼き魚や焼肉にたっぷり添えてももちろん美味ですが、そのままポン酢をかけるだけでも美味しいし、さらにグレードアップするなら、オリーブオイルやゴマ油をちらりとかける。

　さらに余裕があれば、ゴマ油をおたまに入れてガスの火で煙が出るくらい加熱して、ポン酢をかけた大根おろしの上から「ジューッ」とかける。それを玄米ご飯の上にのっけて食べてみてください。

　これを食べると、ご馳走とは何なのか、固定概念がひっくり返ります。人生観が変わります。その意味では危険です。しかしあなたが今の人生に行き詰まりを感じているならば、挑戦する価値は十二分にあると思います。

白菜

　これはもう煮ても炒めても味噌汁の具にしてもどうやったって美味しいのですが、私のおすすめは二つ。
　一つは、キャベツの千切りの要領で、生のまま細く切ってポン酢やすりゴマをかけて食べる「千切り白菜」。千切りキャベツより柔らかくて甘くて食べやすいのに、意外に誰もやらないのが不思議です。

　塩昆布があれば、この千切り白菜に昆布をぱらりと入れて軽くもみ、オリーブオイルをかけて食べるのもおすすめ。

　もう一つは、これは少しハードルが高いと思われるでしょうが、それでもやる価値は十分にあるのでぜひやってほしい。

「白菜漬け」です。

　これは寒い冬ならではのご馳走です。

（寒くないとカビてうまくできない）

　いろいろなやり方があるのでネットででも検索していただければと思いますが、私はまず白菜を手で半分または4分の1に割って外に数日放置した後、ザクザクと適当な大きさに切って適当に塩で揉み、しんなりしたところで赤唐辛子を2本くらい放り込み、漬物容器に入れて重しを載せ、その上から酢と水を半々に混ぜたものを1カップほど投入して2日ほど待つ。

　字で書くと面倒臭そうですが、やってみればそれほど大したことはありません。で、恐る恐る蓋を開けてみると、水が白菜の表面まで上がってきて、何やら白い膜のようなものが張っています。これが完成と成功の合図です。

　いやーもう……。本当にこれさえあればおかずは何もいりません。しかも100円ででっかい白菜を1個ゲットしたら、一人で10日は食べ続けることができます。しかも全く飽きるということがありません。さらに、これを使って料理も作れます。この白菜漬けと豚バラの薄切りを炒めたり煮たりしても、酸っぱくて美味しいのです。もちろん厚揚げでも。

で、しつこく繰り返しますけれど、この白菜漬けは寒い冬じゃないとうまくできません。旬の野菜と旬の調理法。まさにこの時期しか食べられない出会いのもの。そう思うともう本当に必死に作って食べずにはいられません。唯一の欠点(?)は、これがあると他のおかずまで手が伸びず、料理したくてもできないこと。それでも作るのをやめられない。そのくらいうまいです。しかもガス代とかもかからないんですよね考えてみれば。

旬とはげに恐ろしきもの。

ネギ

ネギは、煮るなり焼くなりもうなんとでもしてやってください。冬のネギの甘さは本当にすごいものがあります。もうどうやってもうまい。

一番簡単なのは味噌汁や鍋の具。最高です。

私が一番好きなのは、ネギとカボチャの味噌汁。カボチャの甘さに、ちょっと辛くてずるりとしたネギの別の甘さが加わって、冬はもう毎日でもこの味噌汁でいいやと思ったりする。ここにうどんを入れると「ほうとう」風のご馳走に。

それ以外の簡単なおすすめは「ネギ焼き」です。

ネギをザクザクと小口切りにしてボウルに入れ、少量の粉（小麦粉でも米粉でもそば粉でもなんでも）を入れてまぶしつけます。そこに水をちょっと足して全体がくっつく感じになったら、お好み焼きを作る要領でフライパンで焼く。味付けはオイスターソースだとリッチなご馳走ですが、ポン酢でも醤油でもそれぞれに美味しいです。これさえあれば酒の肴はもう何もいりません。何の具も入れずとも、これだけで十分にうますぎる。もちろん鰹節や桜エビを入れたら絶品ですけど、このうまさにハマってしまうとあまり余計なものは入れたくなくなる。

あと、ネギを青いところも白いところも大きくぶつ切りにしてゴマ油でじっくりと焼くだけでも十分美味しいです。味付けは塩でも、醤油でも、ポン酢でも、味噌でも。洒落たご馳走にしたければ、バルサミコ酢と生姜のすりおろしを。これは、たなかれいこさんのレシピで見てナルホドと思いました。甘くて酸っぱくて辛い。さすがはプロです。素晴らしい組み合わせだと思います。

おまけ

シーズンレスな御三家　ニンジン・ジャガイモ・タマネギ

パリ同様、日本だってこの三つはオールシーズン激安です。ポトフなんて洒落たもんを作らずとも、肉ジャガ、カレーはこれで万全。肉なんか安い細切れをちょこっと入れるだけで十分。肉がわりにサバ缶を投入するのもおすすめ。なんなら肉なしでもうまい。

ニンジン

この中でもニンジンが私は一番好きです。

生でも炒めても煮てもどうやってもいけますが、一番よくやるのが、やっぱりぬか漬けです。

これはそのまま漬物として食べてももちろんいいのですが、野菜炒めや焼きそば、お好み焼きの具にするのもおすすめです。絶妙な味が付いているので、料理のグレードがぐんとアップします。

あと「キャロットラペ」という有名なフランス料理がありまして、これはニンジンを千切りにして塩で揉み、ドレッシングをかけて食べる洒落た料理なのですが、ある日ふと気がついて、これ、ぬか漬けで作ればいいじゃんよと。何しろすでに塩味がついて水気も抜けていますからね。塩もみするまでもない。つまりはぬか漬けのニンジンを千切りにして、オリーブオイルをかければ出来上がりです。これを思いついてから、我が家のラペはすべてこれになりました。

それからニンジンのきんぴら。

味付けは塩でも醤油でも好きなようにすればいいのですが、私が一番気に入っているのは味噌味。千切りのニンジンをカサが半分になるくらいまで弱火でじっくり炒め、最後に味噌を入れてからめます。水分の飛んだニンジンが実に甘く、そこへ甘辛い味噌が絡んで「キャロットケーキ」ばりの濃い味に、食べた人は皆驚きます。なので人を驚かせたい時によく作ります。

あと、カレー味のきんぴらも美味しい。とりのササミを一緒に炒めてもよく合います。

ジャガイモ

これはみんな大好きですよね。ジャガイモが嫌いという人には出会ったことがありません。で、私が書くまでもなくあらゆるジャガイモ料理が紹介されまくっていますから省略。私自身は味噌汁に入れることが一番多いでしょうか。ワカメと組み合わせるのが好みです。

タマネギ

　これはもう、性格の良い野菜ナンバーワンだと思います。汁の具によし、炒めてよし、焼いてよし。生でよし。

　それにタマネギって保存がきくので、いつも台所にいる心強い相棒そのものです。

　今日は野菜がタマネギしかないっていう時も焦る必要なんてありません。タマネギさえあれば何の心配もない。

　生でオニオンスライスに。焼いてポン酢をかけて食べるのもあっさりうまい。

薄く切ってオリーブ油でじっくり炒めて水を足せば美味しいオニオンスープです。甘い味噌を入れると一瞬にしてオニオングラタンスープっぽくなる。カリッと焼いたパンでも浸して食べてみてください。

　私が一番好きなのは、適当に切ったタマネギをゴマ油でしんなりするまで炒めて味噌で味付け。最後に青ジソをちぎって入れる。甘くて辛くてボリュームがあって、これさえあればおかずは十二分です。

200円献立こそ幸福への近道である

そんなこんなで献立を組み立てていると、なんかお金がですね、ちっとも減らない（笑）。

いや真面目な話、こんな単純な食事が楽しすぎて、つまりは自分で作る家のご飯が好きすぎて、豪華な外食からはどんどん足が遠のく一方です。

ふと気づけば財布にお札がなくなっても数日間はなんとか昼夜食べていたりする。

そこで、いったい一食あたりいくらくらいなのかと試しに計算してみました。

すると……。

200円前後で十分いける！

しかも安いからといって、全く、もう全く、無理も我慢もしていないのです。

だってですよ、ご飯が約30円。味噌汁が約30円。ぬか漬けが約30円として、残り110円で何かしらのおかずを食べているのです。例えば厚揚げ半丁で70円としても、葉っぱ付きの大きな大根が100円ですから、それを6分の1ほど使って厚揚げと煮込んでも90円弱です。

まだ20円余ってる！（笑）

しかも、もうこれ以上食べられないほどお腹いっぱいです。

一食200円でやりくりするなんていうと、カップ麺で何日食いつなげるかというような、心と体との究極の戦いというイメージしか持っていませんでした。しかし全然そんなことなかったのです。戦いでもなんでもない、全くフツーのことだったんです。

と言いますか、こんな食生活を嬉々として続けるうちに、もしかして発想が逆なんじゃないかと思えてきた。

つまりですね、一人一食200円で献立を組み立てた方が、むしろ美味しいご飯を食べられるんじゃないか?

普通に考えれば、一食1000円とか2000円とかかけた方が、美味しいご飯を食べられると思いますよね。でも本当にそうなのか。

スーパーへ行き、目についた食材、あるいはあらかじめ買おうと決めていた食材をどんどこカゴに放り込んでいると、気づけば冬のトマトとか、夏の大根とか、旬ではないものを当たり前に買ってしまう。で、気づけばレジでお札を何枚も当たり前に払っていたりするのです。

しかし一食200円となれば、半分で300円の大根には手が伸びるはずもありません。つまりは結果的に「旬」のものを買わざるをえない。

一年中なんでも揃うスーパーが当たり前の時代、「旬の野菜は何か」なんて一からお勉強しようと思ってもなかなか身につくもんじゃあありません。でもこの「200円献立」方法ならば、自然に季節の野菜というものがわかってくる。

もちろん野菜だけじゃなくて魚にも旬があります。スーパーの魚コーナーをよく見ていると、旬の小魚がトレーに山盛りで200円とか、ブリやサケのアラやイカのゲソが100円とか、サプライズに事欠きません。

そうなると、節約になる、あるいは旬の美味しいものが食べられるというだけじゃありません。

寒くなってきたというただそれだけで、毎年毎年律儀にどーんと登場する100円の巨大大根を目の前にすると、この世には実に気前の良い「自然の親切」というものが存在するのだということを感じることができるの。それは本当に身にしみる瞬間です。

人は決して孤独ではないのです。200円ご飯を噛み締めるたびに生きる勇気が湧いてくる。そんな人生を日々送っている私であります。

Column

タダで食べる

これだけ食費が安くなってくると、そして、もしや安いからこそうまいものが食べられるんじゃないかしらということが身をもってわかってくると、事態はさらにエスカレートしていくのでありました。

つまりは、当たり前のように信じてきた「お金を出せば美味しいものが食べられる」ということへの究極の反動として、「もしや、タダだって美味しいものが食べられるんじゃないか？」という革命的発想がムクムクと頭をもたげてきたのです。

で、これはあながち夢物語じゃないんじゃないかと思う今日この頃。

今では春になると、野菜を買うってことが不思議な行為に思えてきます。だってその辺に食べられる「野草」がどんどこ生えてくるんだから。

代表的なのがタンポポ、ヨモギ、カラスノエンドウでしょうか。ごく普通の都会で、道路脇や空き地に当たり前に気前よく生えてるんですよ！　なのでありがたく採取し、ヨモギは天ぷらに。タンポポは佃煮にあるいはサラダに、カラスノエンドウはおひたしにしてゴマをかけて食べています。いや本当にね、腰を抜かすくらい美味しい。人が育てた野菜とは全く次元の違う、濃い生命力に溢れた味です。

でもね、誰もそんなものには目もくれないのでした。

食べ物は「買う」もの。で、それが新鮮なのか、安全なのか、「賢い消費者」は賞味期限に目を光らせたり、成分の表示に目を凝らしたりしているのです。

しかしですね、その辺で生えてるものを自ら収穫すれば、新鮮であることは全くもって確実。犬のオシッコがかかってるんじゃないかという人もいますが、私は「洗えば十分」と考えております。それは自分が決めればいいのです。スーパーで買うものを信じるか信じないかも結局は自分が決めていることだからね。

そう開き直って視界をワイドに広げてみれば、食べることはもっともっと自由になるんじゃないでしょうか。

Column

逆に言えば、そんな発想をちょいと取り戻すだけで、まだまだこの世の中には「タダで手に入る食べ物」がたくさんあることに気づきます。

たとえば野菜の皮。ワタ。種。

レシピ本を見れば、当たり前のように「むく」とか「取る」とか書いてあります。つまりは全部捨ててしまえと。つまりはゴミ。しかし本当にそうなのか。

私、もはや野菜の皮をむくことはほぼやめました。なので皮むき用のピーラーも手放しました。

例えばゴボウ。ニンジン。レンコン。大根。ぜーんぶそのまんま使います。皮のところが最も栄養があり、美味しいというのはどの野菜にも果物にも共通して言えること。そう開き直ってしまったら、料理が実に実に楽になりました。皮をむく手間って全く馬鹿になりません。それが不要な上に生ゴミも出ない。全くいいことずくめ。

それだけじゃなくて、誰もが「えーっ」て思うような皮も意外に食べられるんですよ。って言うかめちゃくちゃうまいもんがたくさんある。

例えばサトイモの皮。っていうとみんな目を丸くします。茶色いので「泥が付いている」と思われているらしい。お前は泥を食べるのかと。実は私もずーっとそう思っていたんだが、実は洗っても洗っても茶色いのです。つまりはあれは泥じゃない、皮の色が泥の色をしているというだけのことだったんです。

で、皮をむいて白い中身は煮物にした時、残った皮だけを素揚げにして塩をかけて食べたら……いやもう、ひっくり返るような美味しさでした。サトイモの滋味がまさにぎゅうっと詰まったような、たとえるならナッツのような香ばしさ！

あと、スイカの皮。スイカを食べる時の最大の難点は「大量の生ごみが出ること」だと思うのですが、残った皮のうち一番外側の硬いところだけをむいて、残りは塩を振って重しをのせておくと、絶品の「スイカの皮の漬物」が出来上がります。ほんのり残った青春のような甘さがなんとも言えない。これもまた未体験の味。

それからですね、ソラマメの皮！　こんがりと焼いて、内側のワタをスプーンでほじって食べると、まるでジャンボピーマンのように甘くてずるりとして本当に美味しい……ってなことを書いていると止まりません。

Column

野菜だけじゃありません。果物の皮も食べられる。

柿やリンゴの皮。もちろんそのまま皮ごと食べちゃえばいいのですが、もしお客様などあるときは、皮だけを低温のオーブンでじっくり焼いたチップスを是非。まさに果物の味が全てぎゅううっと凝縮した未体験の旨さ。「な、なにこれ」と驚かれること請け合いです。

あと、柑橘の皮。ユズでも夏ミカンでもスダチでも、私は細く切って天日にさらし、カラッからになったものをストックしておやつにしています。そのままだと苦さが際立つけれど、干しぶどうなどのドライフルーツと一緒に食べると、これ以上上品なお茶うけはないと思います。

で、まだまだありますよ。ワタと種。

この章で「私はピーマンのワタも種の取らない」と書きましたが、ピーマンだけじゃありません。カボチャやゴーヤのワタも種も取らない。

中でも特筆すべきは、ゴーヤのワタと種！

なぜかどの料理本を見ても、これは絶対に除去すべしと書いてあります。ゴーヤはもともと苦いけれど、ワタはさらに苦いので丁寧に取るようにと但し書きがあるものも少なくない。なのでずうっと、ちょっとでもワタを残したら大変と、スプーンで丁寧に丁寧にこそげ落としていたのでした。

ところがある日、ふと考えたのです。ゴーヤって苦いから美味しいんですよね。苦いのが嫌ならそもそも食べなきゃいい。ならばワタを食べたっていいんじゃ……？　というわけで、ワタも種も一緒にそのまま輪切りにして天ぷらにして食べたら……。

う、うまーい！

ワタはほとんど意識できませんでしたが（つまりは特に苦くもなんともない）、特筆すべきは種です。揚げると歯ごたえがカリッとした香ばしいナッツそのものなんだこれが！　いやもう、捨てられてるゴーヤの種を集めて揚げて売り出したいくらいです。

さすがにカボチャの種は硬いですが、硬い殻の中には美味しいナッツが隠れている。なので暇なときにはせっせと皮をむいてリスのように油分補給をするイナガキでありました。

Column

……書き始めるとキリがないのでこの辺にしておきますが、こんなことにはまってくると、どうも私がずうっと「常識」のように捨ててきたものって、実は味が濃いところだったんじゃないかと。

皮。種。それは確かに硬い。えぐみや苦みもある。しかし、それは野菜や果物本来が持っている味がぎゅっと詰まってるってことです。そう考えるとですね、「実」の部分って、柔らかいけれどぼーっとした薄味で、要するに「お子ちゃま」の味なんじゃゃ……。

いや全くね、美味しいって何なんだろうと。それは本当は自分が決めたらいいんだと思うのです。

世の中は「あれが美味しいこれが美味しい」とネットや雑誌で情報が溢れまくってますけどね、そんなもん見ずとも、未体験の美味しさはあなたのゴミ箱の中にあったりする。

そう思うとね、いや全く、食べる楽しみとは実に自由であり無限であります。

焼いたがんもどき
　干し大根おろしのっけ
ニンジンとカブのぬか漬け
干しキャベツとエノキの味噌汁
海苔
玄米ご飯と梅干し

「炊きたてご飯の日」の献立はいつもこんな感じです。炊きたての美味を味わい尽くすには、おかずは「美味しすぎないもの」に限る。となるとほぼこのメンバーに落ち着くしかない。まさしく旅館の朝食ですな。この日はがんも付きの豪華版ですが、大根おろしだけのことも多いです。で、たいがい5皿で見た目が梅の花みたいなので、勝手に「梅定食」と名付けて喜んでいる。

干し野菜と油揚げのおじや
カブと新生姜のぬか漬け

「おじや」。簡単に言えば味噌味の濃厚なおかゆみたいなもの。残りご飯と残り干し野菜と油揚げに水を足して味噌を入れ、グツグツ煮れば出来上がりです。雑炊とは違うので、さらっと仕上げるのではなく、ノリ状になるまで煮詰めるのがコツ。これ一品で「ご飯と味噌汁」を兼ねているわけだから、作るのも片付けもラックラク。ちなみに私は鍋から直接食べております。いいんです、フランス製のお洒落な鍋なんだから！

葉つきニンジンのかき揚げ天丼
大根おろし
キュウリのぬか漬け
麩とワカメと干しエノキの味噌汁

ベランダで育てたニンジンを食べるための料理。何せシロートゆえ肝心の実より葉っぱが立派にできてしまう。で、葉も茎も実も食べつくすには天ぷらしかない！ 天ぷらって難しそうですが衣にそば粉を使えばサクサクになるんです。天つゆなど作らずとも上からくるりと醬油をかければ十分。たっぷりの大根おろしとパクリ！ うーん……（気絶）。

間引きを怠っていても立派に育つニンジン様

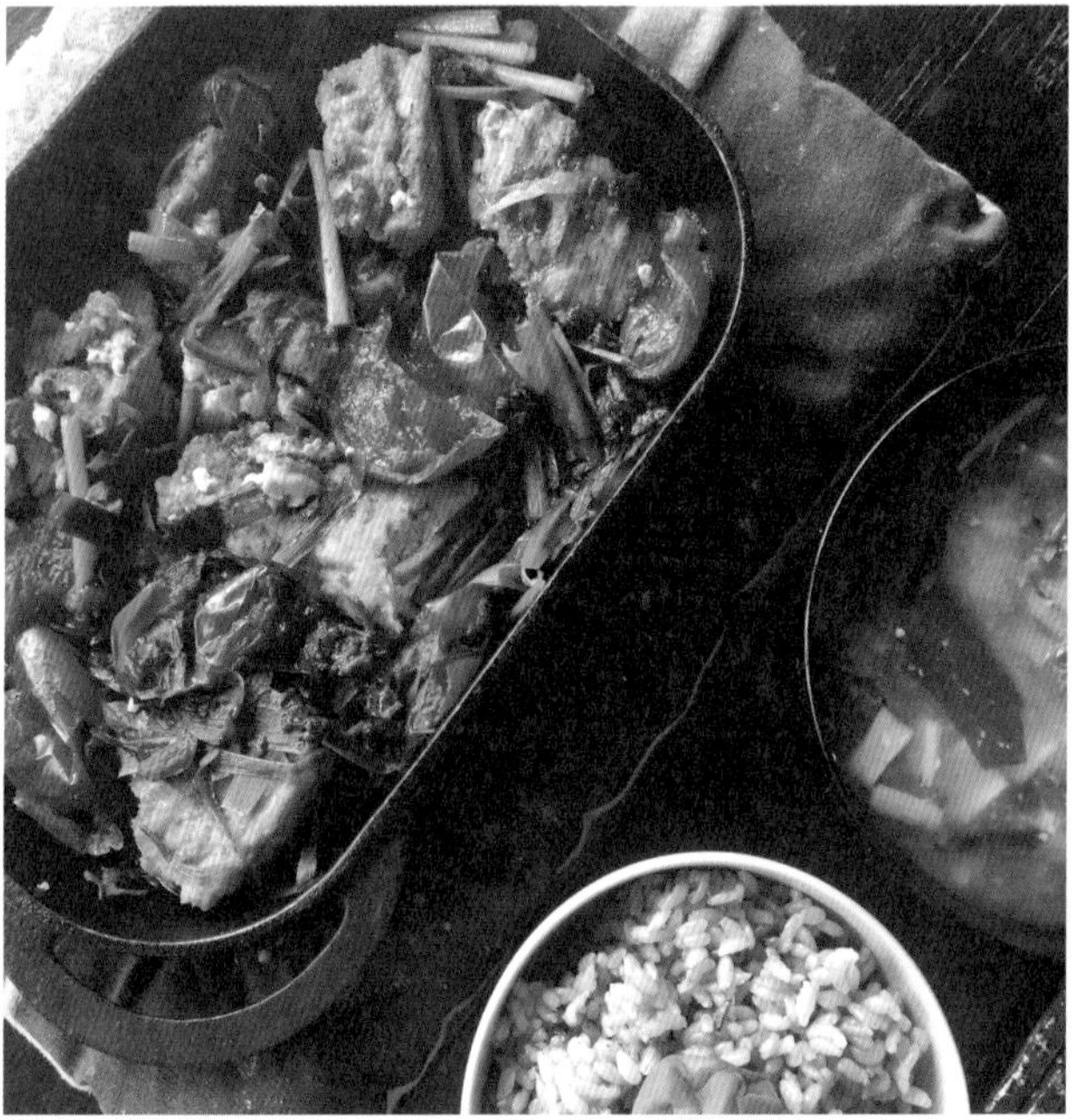

厚揚げとトマトとニラの味噌炒め
ワカメとニラの味噌汁
玄米ご飯と梅干し

冷蔵庫のない独身者がひと束のニラをせっせと消費するための献立。ニラ炒めに厚揚げとトマトを入れてボリュームをアップしました。厚揚げは安いのにどんな野菜と炒めても合う「ご馳走の素」です。スパイスを適当に入れると途端にエキゾチックな味になるので化石化したスパイスの利用法としてもおすすめ。

トマトを干す時はカビやすいのでミニトマトでどうぞ

トマトと干しタマネギと
　ズッキーニの酸っぱい味噌汁
全粒粉のパンとゴマ味噌
ニンジンのぬか漬けと生ピーマン
　のラー油和え／枝豆のぬか漬け
燗酒（生酛のどぶ）

トマトはえらく旨味のある野菜で皮ごとザクザク切って入れるだけで赤くてうま酸っぱい最高の味噌汁が完成。まさに出汁いらずです。私は暑い日には、ここにさらに酢を入れて食べる。すううっと爽やかな風に吹かれたような気持ちになります。で、燗酒にパン。パンにはバターもいいが、オススメは「ゴマ味噌」。ねりゴマと味噌を混ぜて、こんがりと焼いたパンに塗ってパクリ。で、燗酒をグビリ。で、スープをズズッと……。ああ永遠の幸せ。

紫タマネギとベランダ野菜とぬか漬けニンジンのサラダ

燗酒（日置桜・夜桜ラベル）

これも晩酌メニュー。私は日本酒党でして、と言いますか燗酒党でして、夏だろうがなんだろうが冷たい飲み物でご飯を食べたくないのです。で、よくやるのが「サラダ飲み」。残り野菜やぬか漬けを切って上からオイルとポン酢をかけて混ぜるだけ。ボリュームが欲しければ焼いた油揚げや茹で肉を入れればこれだけで十分満足なアテになる。でもこれにビールやワインじゃあ冷えすぎなんだよね。寂しいんだよね。熱燗でお腹も心もほっと温まる。このバランスが重要なのだと一人悦に入りながらつまりは延々と飲む。

厚揚げの味噌焼き
干しエノキと干しカブの味噌汁
サトイモのぬか漬け
玄米ご飯と梅干し

昼ご飯はよく「ワンプレート」にします。片付けがラクだからと始めたのですが、やってみるとお絵かきをするかのような楽しさがあります。この日も要するに厚揚げを焼いて味噌をかけただけという超手抜きメニューですが、プレートに盛ってみるとそれなりの何かに見えてしまう(と思う)。

干しエノキ製作中。晴れていれば半日でカラカラに。

イナガキ流・簡単味噌汁（製造途中）

イナガキ流簡単味噌汁は、ベランダのザルから干し野菜を適当にむんずとつかみ、ひとさじの味噌とともにお椀に入れて上から湯を注ぐだけ！ 干すといっても残り野菜をベランダに放置しただけですが、味も濃く。食感もキュッキュと楽しく、さらに湯を注げば食べられるんだからいいことずくめで申し訳ないくらい。

野菜もキノコも何だって干せば具になるっぽい。多少固くてもよく嚙めば何とかなるはず……。

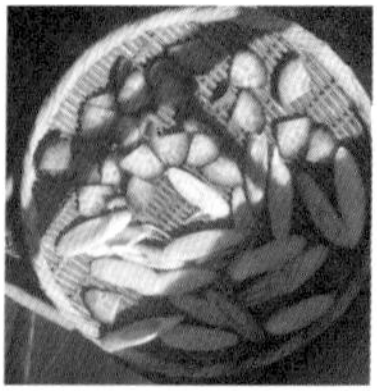

ぬか漬けキュウリとミニトマトとバジルの冷や汁

冷や汁。つまりは冷たい味噌汁。っていうかこれは「味噌水」と言うべきか。だって基本、味噌を水で溶かすだけなんだもん。そしてそこへ生の野菜と豆腐を入れれば完成。これをご飯の上にぶっかけて食べるのですから、ご飯さえあれば夏の暑い日に火を使わずともこれだけで「一汁一菜」が完成するというわけ。なんという合理的な料理なんだ！　青ジソを入れるのが定番らしいのですが、今回はベランダで茂りまくっているバジルを投入。なのでそれに合わせてミニトマトとオリーブオイルを入れて「イタリアン冷や汁」にしてみましたとさ。

ブロッコリーとぬか漬けニンジンの焼き飯
干しエノキと干しタマネギとカブの葉の味噌汁

焼き飯も、硬くなったご飯の利用法としてしょっちゅう作ります。むしろ硬くなったご飯の方がパラパラに炒められるので焼き飯にぴったり。つまりはご飯が思うようにふっくらと炊けなかったとしても「失敗した」などと落ち込まなくて良い。「わあ、焼き飯用のご飯が炊けた！」と思えばよろしい。で、イナガキ流焼き飯ですが、これも実に手抜きでして、例の小型ダッチオーブンにご飯と野菜と油を混ぜて蓋をして中火でじっくり焼くだけ。華麗に鍋を振ることなどできないが、これはこれで焦げ目のついた香ばしい焼き飯の完成です。仕上げに醬油やポン酢をジャッと。

アボカド寿司
干しゴボウと干し椎茸のきんぴら
ニンジンのぬか漬け
干しエノキとワカメと麩の味噌汁

「寿司」っていうとプロの料理という感じでビビりがちですが、なーに全くどうってことはありません。私、寿司の定義を勝手に拡大いたしました。つまりはご飯に酢が混じってりゃ寿司だと。わざわざ「寿司酢」を作るまでもない。酢ならなんでもよし。米酢でもポン酢でも梅干しでもとにかく酸っぱいものが混ざってりゃ寿司だと。というわけで「アボカド寿司」。アボカドを切って醬油とユズ胡椒とご飯と混ぜただけ！……あれ？　酢が入ってない（笑）。いやいいんです。ユズ胡椒のユズが入ってるじゃないか！　ユズって酸っぱい果物ですから立派な寿司です。

トマトと
　干しタマネギの焼きそうめん
こんにゃくとカブのぬか漬け
干しエノキとワカメと麩の味噌汁
燗酒（玉櫻　純米酒　魁）

夕飯に玄米は重いので麺を食べることも多い。とはいえ大げさな料理をするわけじゃありません。ご飯の代わりに麺が登場するだけ。でも麺だけでは食べにくいので何かを混ぜる。つまり「混ぜご飯」感覚です。この日は干しタマネギとトマトをゴマ油で炒めて和えてみた。生野菜と和えて油とポン酢をかければそうめんサラダに。

麺を茹でる時はすかさず燗をつける。時間も熱源も有効活用。目玉おやじのようで気持ちも和みます。

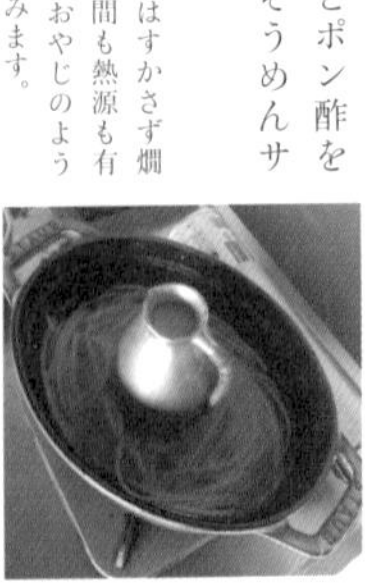

ぬか漬け厚揚げ焼き
焼きミニトマト
紫キャベツと
　ぬか漬けニンジンサラダ
麩とワカメの味噌汁
燗酒（山陰東郷 生酛純米にごり）

こうして改めて我が料理を見ると私は晩酌時はかなり急いでいるようで、つまりはごちゃごちゃ料理している時間が惜しい。一刻も早く飲みたいと(笑)。というわけでこの日は例の小型ダッチオーブンに厚揚げのぬか漬けとミニトマトを並べて蓋をして焼いている間に大根をおろし、キャベツとぬか漬けニンジンを切って、さあ晩酌。酒飲みってこんなもんです。ぬか漬けの厚揚げは、こびりついたぬかも一緒に焼く。香ばしくて最高。一生アテはこれでも何の不満もなし。

ひじきレンコン
プチトマトと生ピーマンの
もろみ味噌がけ／大根おろし
玄米ご飯と梅干し

夏には生野菜が食べたいのですが、そのままだとご飯に合わない。で「仲人」としてもろみ味噌をかけます。「もろきゅう」の応用編ですな。この味噌は自分で仕込んだものですが（えへん。しかし実は超簡単）、このままでも酒のアテになるし実に重宝なので我が家の宝物です。もちろん市販の金山寺味噌でも。ひじきレンコンはひじきとレンコンを煮て醤油味をつけただけ。ひじきは柔らかい「芽ひじき」を使えば、水で戻さなくたってそのまま煮れば十分。

筑前煮
うずまきビーツと根曲り筍の
ぬか漬け／海苔
麩とワカメと干しタマネギの味噌汁
玄米ご飯と梅干し

筑前煮が大好きなんですが、根菜を柔らかく煮て、しかも味がしみこむには時間がかかる。しかし私、画期的な方法を編み出してしまいました。野菜を事前に干しておけば良いのです。油で軽く炒め、醤油やら味噌やら酒やらを適当に入れて蓋をしてしばらく煮れば完成。味が濃く歯ごたえも良くてもう最高！

干すといいますか、要するにカットしたら一旦ザルの上に放置するだけ

茹でたおかひじき
キャベツのオイル蒸し
ニンジンと大根のぬか漬け
麩とワカメと干しエノキの味噌汁
燗酒（辨天娘 純米酒 五百万石）

オイル蒸しは、野菜を刻んでゴマ油またはオリーブ油と塩を加え、蓋をしてしばし加熱するだけなんですが、これが実に美味しいのです。柔らかい野菜なら加熱時間もほんのわずか。朝に仕込んで蓋をしたまま置いておけば、クッタリとなって味も馴染み、夕方には食べ頃に。あとはおかひじきをさっと茹でただけで、ちまちまとした肴の皿がいくつも並び、気の利いた小料理屋のようです。しかし現実は10分もかかりゃしない。居酒屋やったら大儲けじゃんと妄想しながら食べる。

5

ロードフード？漬物ですがそれが何か？

ぬか床は最高のお雇い料理人

＊ぬか味噌くさい女

「ぬか味噌くさい女」という言葉がある。

褒め言葉、ではない。短く翻訳すれば「垢抜けない女」となるだろうか。

所帯染みた女。いくら華やかな場所に着飾って出て行ったところで、どこかジメジメした台所の香りが染み出してきてしまうような女。イメージは「おしん」？どこかどうしようもない苦労を背負いこんだような、なんだかパッとしない、そんな女のことを指すのだと思う。

で、ある日のこと。

我が家で昼食をとった後、近所のお洒落なカフェで人と会う約束があったのでいそいそと出かけ、身振り手振りを交えて楽しくお話をしていて、ふとあることに気がついた。

あれ、なんか臭うな。

ツンとするような、酸っぱいような苦いような……。

あ！　こ、これは……まごう方なきぬか味噌の臭いではありませんか！

ぬか味噌くさい女って……まさに私じゃないの!!（笑）

そう震源地は私の右手なのであった。確かに昼食にぬか漬けを食べた。これはほぼ毎日のことである。で、そのためにはぬか床にグイと手を突っ込み中からブツを取り出さねばならぬ。ちなみにその日はニンジンとキュウリを取り出して機嫌よく食べた。その右手がはっきりと臭うのである。

つまりはぬか漬けを常食していると、どうやったって「ぬか味噌くさい女」にならざるをえないのだ。ただそれだけのことである。

垢抜けないとか、所帯染みているとか、全く大きなお世話というものだ。

……いやまあいいんです。どうせ私はぬか味噌くさい女である。

しかしその当人として、ある重要な事実を申し上げておきたい。

✳ 超美人じゃないが腸美人である

確かにぬか漬けを常食していると、手がぬか臭くなることからは逃れられない。しかしそんなことは全くもって文字通り表面的なことである。

もっと中身に目を向けてほしいものだ。

中身といったって、心とか精神とか、そんなことを言いたいわけじゃありません。文字通りの中身である。内臓である。もっと具体的に言えば、腸である。腸の内側である。

腸内環境という言葉がありますね。腸の中にはいわゆる善玉菌、悪玉菌というものがうようよと住んでいると言われている。善玉菌が多いと食べ物は腐敗することなくスッキリと消化され、腸の中はいつもピカピカに綺麗である。で、女性誌などの情報によりますとですね、腸内環境はお肌の美しさと密接に関係があるらしい。つまり、腸の表面が美しい人は、お肌もつるりと美しい。

となれば、関心を持たずにはいられませんよね腸内環境！ で、おそらく私の腸は世界でも有数レベルの美しい環境を保っていると思われるのである。

え、どうしてそんなことがわかるのかって？

それはもう簡単なことです。あなたの腸がどうなっているかを知りたければ、あなたの家のトイレに行きましょう。そして、水洗トイレの吸い込み口を見れば良いのです。

そこは茶色く汚れているでしょうか。それとも真っ白に光っているでしょうか。

そう、それがあなたの腸の姿である。

で、私のトイレ。

自慢じゃありませんが、ごくたーまにしか掃除をしておりません。一月に一度くらいかしら。いや以前はね、そんなことなかったんです。少なくとも数日に一度はせっせと吸い込み口にブラシを突っ込んでゴシゴシと洗っておりました。そうしないとあまりに汚かったからです。

ところが今は、何度トイレを使おうが、吸い込み口が全く汚れない。いつもつるりと真っ白です。つまりはですね、これが私の腸の姿なのであります。で、いつからこうなったかというと、ぬか漬けを常食し始めてからなんですよ！

そうなんです。「ぬか味噌くさい女」の腸はピッカピカ！

ここで少しうんちくを傾けますと、近年「ローフード」というものが健康マニアの間で話題になっておりまして、野菜や果物を生で食べると、ビタミンのほか消化酵素や代謝酵素を効果的に摂取できてダイエットにも最適なのだとか。しかしですね、パンとサラダを常食している欧米人ならともなく、日本人としては、生の野菜をどんどこ食べるってウサギじゃないんだから、日常食としてはさすがに無理無理と思っていたのですが、ふと考えてみたら……。

ぬか漬け、ローフードじゃないですか！

しかも発酵食品ですから、乳酸菌も摂取できて先ほど書いたように腸内環境も整える。ローフードなんて新しい流行としか思っていませんでしたが、いやいや我が国には流行どころか太古の昔からこれほどのスーパー食品が存在していたのであります。

＊ぬか床というお抱え料理人

というわけで、ぬか漬け。これはもう絶対にやったほうがいいと思うのです。今ここにある腸美人への道。しかしね、それだけじゃない。これは正真正銘の魔法ともいうべき調理法なのです。


例えばですよ、使い切れなかった食材があったら、どうします？

例えば豆腐。とりあえず冷蔵庫に入れる。これが普通。でも冷蔵庫に入れて何日待ったところで、「あらま、気づいたら豆腐が麻婆豆腐になってたよ！　ラッキー！」……なんてことはない。当たり前だけど。

しかしですね、とりあえず冷蔵庫じゃなくて、とりあえずぬか床に入れるとしましょう。

そうしたらもう、翌日には美味しいぬか漬け豆腐の出来上がりであります。上からゴマ油と、余裕があればハサミでちょんちょんと切ったネギでものっければ、もうご飯にもお酒にも合う、気絶レベルにうまいおかずができてしまいます。調理時間（ってほどのことじゃないが）3分。

いやー、なんてラクチンなんだ！ っていうか、一体誰がこのような親切を？ はい。それは「ぬか床様」であります。これはもう、グリム童話に出てきてもいいレベルの魔法と言っていいんじゃないでしょうか。


しかしですね、ぬか漬けをやっておりますとカミングアウトすると、世間の人々の反応はおおむね同じでありまして、つまりは、

「エライね〜」

と賞賛されるのです。


……ありがとうございます（笑）。

長いこと無駄に生きてきましたのでエライなんて言っていただけることは非常

に稀で、素直に嬉しゅうございます。

しかしなぜこんなふうに言っていただけるのかといえば、要するに世の中の人々は、ぬか床を恐れている。何かよほどの名人か何かでなければ取り扱うことは許されぬ、つまりはコントロール不能なバケモノのように思っているのではないだろうか。

っていうか、かつての私がそうであった。ぬか床？　ぬか漬け？　無理無理無理。そんな恐れ多いこと、料理上手のおばあちゃんに育てられたわけでもない、ごく一般の独身会社員であるワタクシはそもそもぬか床がある暮らしなんて見たこともない。とても手に負えませんと思っていたのである。だから居酒屋でぬか漬けを食べるのは大好きだったが、自分でやってみようなどとは考えたこともなかった。

ところが、ひょんなことからある日、小さなぬか床が我が家にやってきたのであった。

それは、知人からいただいた「水ナスの漬物」であった。水ナス、知ってますかね？　関西では夏の風物詩として大人気の、皮の薄いぷっくらしたナス。これをごくごく浅いぬか漬けにして食べるのである。

で、それはなんとも不思議なパッケージに入っていた。丸ごとのナスが、まるで着物でも着るように厚さ1センチほどのぬか床にくるりと包まれて、一つずつ丈夫なビニールでぴっちりと覆われていたのである。今から思えば、ぬか漬けはぬか床から取り出した途端にどんどん劣化していくので、最高の状態で食べてもらうためにそのような状態で送られてきたのでありましょう。

しかしその時は、そんなことは全然わかっていなかった。ナスの外側に付いたぬかを手で取り除き、はちきれそうにみずみずしいナスを手で大きく4つに割って、ただただありがたく、ほんのり塩味のついたフルーツのごとき夏野菜をパリパリといただいた。ああなんて幸せ！

で、ふと見ると台所には、先ほど取り除いたぬか床がベッチャリと残されている。どう贔屓《ひいき》目に見ても、あまりイケていない外観である。っていうかはっきり言って気味が悪い。あまり積極的に関わりたくないシロモノだ。

だがこの時の私は、あの素晴らしい水ナスの幸福な味にすっかり心を奪われていた。なのでその気味の悪いぬか床が、何かとても価値のあるものに見えたのである。生ゴミとして捨ててしまうのはどうももったいないと思えたのだ。何と言ってもぬか漬け一筋の老舗のぬか床である。これはどう考えてもかなりの貴重品なのではないだろうか……？

というわけで、私はその茶碗1杯ほどのぬか床を捨てずに取っておくことにした。とはいえどんな入れ物に入れればよいのやらわからなかったので、小さい深皿に押し込み、上からラップをかけて冷蔵庫に入れた。で、ヨシ何か漬けてみようと思ったけれど、容器が小さすぎてナスやらキュウリやらはとても入らない。で、ふと思いつき、使い切れず冷蔵庫に余っていた新生姜をスライスして、プスプスとぬかに差し込んでみた。

で、翌日。

はてさてどうなっているかしらと、スライスを一切れつまみ出し、こびりついたぬかを洗い流し、パクリと食べてみた。

う、うみゃい……。

それはもう、経験したことのない味であった。微妙な塩気と、それだけではない複雑な旨味。そして生でもなく加熱したものでもない、しっとりした弾力のある食感。これはどうやっても、つまりは我が家に山ほどある世界の調味料を複雑に組み合わせて、さらに煮たり焼いたり揚げたり揉んだりあらゆる手段を私の全精力を尽くして料理したとしても、絶対に出せない味であった。

そう、私はこのような美味があることを初めて知ったのである。想定すらすることのできない、全くの未知の、それでいてスッと体も心も受け入れられる「美味」。しかも私は何もしていない。ただ茶色く怪しい物体に差し込んでおいただけなのだ。

これを魔法と言わずしてなんと表現せよというのか?

✳ 冷蔵庫でぬか床を飼うという矛盾

と、ここまで力説しても、まだ尻込みする人が多いのではないだろうか。

はいわかっております。ぬか床の「キープ」問題ですよね。

私はたまたま、プロ中のプロが作ったぬか床を手に入れることができた。それを使ったら素晴らしいぬか漬けができた。……まあそりゃそうでしょうよ。でもそれを保つのが難しいんでしょ。だってぬか床って毎日混ぜなきゃいけないらしいじゃない。それを忘れたらなんかとんでもないことになるっていうじゃない。「ぬか床をダメにした」って人、私の周りにもいっぱいいるわよ。ああそんなことになったらと考えるだけでも気が重い。だってあの茶色いネチャネチャした大量の物体がさらに「ダメになる」って、一体どんなことになるのか想像もしたくないわよ。なんかものすごいカビみたいなのが生えるとか？　それともただでさえクサいのにそれをはるかに超える臭いがするとか……？　キャーッ、もう考えたくもないわ。それを手で触って捨てるなんて絶対やりたくない!!

……なーんていう妄想が皆様の頭の中で駆け巡っているんじゃないかと想像するイナガキであります。

しかしですね、私、自慢じゃありませんがズボラであることについては人後に落ちません。それでも改めて振り返ってみれば、水ナスとともに我が家にぬか床がやってきたのがかれこれ……20年前!? あらまあ。我が家のぬか床ってばもう20年もの！ もはや老舗旅館レベル!? そうなのね！ なんだかんだと言いながら、あの時のぬか床が今も生き残り、我が家の流しの下に鎮座しております。

それは一体なぜなのか。

まあ、いろいろありました。

そう。決して順風満帆であったわけじゃありません我がぬか床、瀕死の状態になりながらなんとかかんとかここまで生き延びてきたというのが現実です。

そうなんです。まずはこれを声を大にして言いたいんですが、ぬか床は滅多なことじゃあ死にません！ 死んだように見えても、患部（カビが生えたり妙な臭いがするようになったりしたところ）を取り除き、手当てをし（新しいぬかと塩を足す）、看病（一日に1回は混ぜる）すれば、時がたてばちゃんと機嫌を直してくれる。太っ腹です。懐が深いです。「ダメになる」なんてことはないのです。命のしぶとさ、柔軟さ、大きさのようなものを実感せずにはいられません。

それだけでも生きる勇気のようなものが湧いてきます。

そうなんです。ぬか床はただのクッサイ湿った塊じゃない。生きているんです！

で、話を戻しまして、ぬか床を常備するようになった初期の頃の話。

ぬか床は冷蔵庫に入れるものだと信じていました。そうしないと「腐っちゃう」と思っていたのです。

で、確かに冷蔵庫で冷やされたぬか床は「腐っちゃう」ことはありませんでした。毎日混ぜなくても全然平気。なんだ楽勝じゃんと思いましたね。

しかし、人とは実に弱いものです。

毎日混ぜなくても平気となると、混ぜるのは三日に1回になり、1週間に1回になり……そうなると、さらにぬか床の蓋を開けることが億劫になってくる。なぜって、もしやカビでも生えてたらどうしよう……と思うと「見たくない」のです。今から思えばいやいやそんなこと考えてる暇があるならさっさと混ぜてあげなさいと思うんだが、なぜか体が動かない。これを「問題の先送り」と言います。

で、1ヶ月ほどほったらかしになったりする。

で、さすがにこれはまずいだろうと思って意を決して蓋を開けてみると……

ん？

いやまあ大丈夫……だよね。うん。想像していたようなひどいこと（赤や青の斑点みたいなものが浮き上がっているとか、白くてフワフワした綿毛みたいなものので覆われているとか）にはなってない。ああよかった。なんだぬか床の扱いなんて楽勝じゃん。

……しかし。何かがおかしい。

表面が何だか青白いのだ。顔色の悪い病人のようである。

臭いを嗅いでみる。

うーん。やっぱり何だかおかしいような気がする。そもそもぬか床ってクサイから、どこがどうおかしいのかはよくわからない。しかし、どうも何かが違う。つまりは臭いもなんだか病人のようである。元気がない。

慌ててネットで調べると、表面が白いのは「さんまくこうぼ」という菌で、特に害はないが、あまりに多いと味に悪影響が出るとある。混ぜるのを怠っていると出現するらしい。

はい。ものすごく怠っておりました。

今更ではあるが、慌てて混ぜる。翌日も、その翌日も、頑張って混ぜる。

だが改めて考えてみると、私ってなんだかおかしなことをしているんじゃないだろうか。

だって1ヶ月も混ぜずにほったらかしにしていたということは、その1ヶ月、私はぬか漬けを食べなかったということだ。食べてたら自動的に混ぜることになるからね。

どうして食べなかったんだろう。

よくよく考えると、最初の新生姜の感動が早くも薄れていたのであった。ぬか床入れは小さな陶器&ラップから立派なホーロー容器に格上げされ、ナスとかキュウリとかいろいろな野菜を漬けてみるのだが、なんだかうまく漬からないのである。うん、なんだか「ぬか漬け」の味がしない。

かくして、漬けなくなる↓食べなくなる↓ぬか床放置↓混ぜなくなる↓ぬか床の調子が悪くなる↓漬けなくなる↓食べなくなる……という悪循環に陥っていたのであった。

これじゃあマイぬか床持ってる意味ないじゃん！

改めて考える。なぜ我がぬか漬けはうまく漬からないのであろうか。やはりぬか漬けとは非常に奥の深いものであり、シロートが気軽に手を出すべきものではないのであろうか？

＊ぬか床は懐が深いのだ

というわけで、思い余って知人に相談をした。ある機会に自作のぬか漬けを持参され、とても美味しくいただいた記憶があったからである。

なんかね、うまく漬からないんですけど、どうしてなんでしょうかね。何か特別なコツとかあるんでしょうか。

すると、「いや別に普通にやってるだけだけど」。

いや、その「普通」が一番難しいんですよ。普通って何？ 私のどこが普通じゃないのか？ それがわからないんだもん。ぬかはどんなの使っているの？ 味が良くなる秘密の何かを中に入れるべき？ 混ぜ方が足りないのか？……などど思いつく限りの質問をぶつける私。しかし何を聞いてものれんに腕押し。ぬかは普通にスーパーで売ってるやつ。特に何を入れているわけでもない。基本毎日混ぜるけど二日三日混ぜない時もある……。ああ一体何が違うのか？ もはや心がけとか、そういう神秘の世界なのか？

しかしいろいろと話すうちに、ある決定的な違いが明らかになったのです。

それは、私のぬか床は冷蔵庫に入っているということ。

「えーっ、何でそんなことしてるの？」と驚かれてしまいました。いやだって外に出すと腐りそうで……というと、さらに目を丸くして「ぜーんぜん大丈夫だよ」。そ、そうなの？ だって夏とかどう考えてもやばそうでしょう。「いや全然平気だから」

科学的根拠は全くわかりませんでしたが、実践者の言葉にはやはり重みがあります。しかもどうせ今のままではぬか床はきっとほったらかしのまま冷蔵庫に放置されるのは目に見えている。失うものはありません。なので思い切って、我がぬか床を冷蔵庫から流しの下へと移動させました。

冷蔵庫のない暮らしをしている今では全くどうということもないことですが、当時はそれだけでものすごく変な感じがしたのです。「生もの」を常温で保存するなんて考えたこともなかったからです。しかも相手は、いかにも怪しそうな、容易に何か悪いことが起こりそうなぐちゃぐちゃネチャネチャした代物です。

で、一日経過。

朝起きて、恐る恐るぬか床の蓋を開けてみたのです。

そうしたら……。

あの白っぽい病人みたいな顔をしていた我がぬか床が、いかにも健康的なキツネ色になってるじゃありませんか！　しかも「ペッタリ」としていた表面が、なんだかわずかにふっくらと盛り上がっているじゃあありませんか。

それは、何かが「息を吹き返した！」って感じでした。長いこと冬眠していた小さな生き物たちが、「ふわあ〜」とあくびをして一斉に起き出してきたような。

手を突っ込んでみると、何とほんわかと温かい。そしてふんわりと柔らかい。

あの、ペッタリと冷たくてネチャネチャと張り付くような感触だった「冷蔵庫ぬか」とは全くのベツモノです。


ああ生きていたんだ！


何が生きてるのかはよくわからんが、どうも確実にこの中に生きものがいる。で、我が冷蔵庫の中で長いことほったらかしにされ、何のお世話をされることもなく無視されてきたにもかかわらず、死んではいなかったのです。しかもちょっと揺り動かしたら、「今更なんだよう」とかグレることもなく、ちゃんとまっすぐに起きてきてくれた！

そう思ったら、いやもう大げさじゃなくて、おばさんはかなり心を揺さぶられた。

これまでのこと、本当に申し訳ない。っていうか実は君が生き物だとは正直全然考えちゃいなかったんだよ。スーパーで売ってる浅漬けの素みたいなもんぐらいにしか考えていなかった。つまり単なる道具としか思っていなかったんだ。

しかしあなた様、実は生きておられたんですね！

そうか。私は自らをペットすらいない一人暮らしの孤独な中年女と決めてかかっていたが、全くそんなことはなかったのだ。ここに生き物がいた。しかも私の料理を手伝ってくれる生き物が。仲間が。お抱えシェフがいたじゃないか！


以来、私はぬか床を混ぜることが苦でも何でもなくなったのです。

つまりは、ぬか床は「ある」んじゃなくて「同居している」のだと思えば良いのです。

愛すべき同居人と思えばほったらかしになどできません。いつもぬか床の蓋を開ける瞬間、ふんわりふっくらとしたぬか床を見ると、つい孤独な私は「元気？」と心の中でつぶやいてしまいます。

……とはいえ実を言うと、毎日混ぜているかというとそうでもなく、数日間ほったらかしということもあります。それでも大丈夫です。ぬか床様というのはかなり度量の大きな方でして、少々のことは、っていうかかなりのことも大目にみてくださいます。あまりに度が過ぎると（5日間ほったらかしとか）さすがに機嫌を損ねてなんだか病んだ香りがしてきますが、そんな姿を見ると反省せずにはいられません。しばらくせっせと看病です。つまりは毎日混ぜて、さらには機嫌を取るためのプレゼント（昆布の切れ端、鷹の爪、ミカンや柿の皮を乾燥させたものなど）をあげていると、徐々に健康を取り戻して元気になってきます。

つまりはこれは……ペットですな。犬とか猫を飼うのと同じです。そう思えば面倒くさいとか思うこともない。っていうか、面倒くさくて当たり前なんだよね。ペットを飼うのを面倒くさいと思う人はそもそも飼わないのと同じこと。飼うってことは世話をするということ。でもそれは面倒なことじゃなくてむしろ楽しいこと。

そう思えばぬか床ライフは面倒どころか実に楽しいものです。

＊残り野菜が悩みの種から魔法の種に

で、ぬか床ライフ。

冒頭にも書きましたが、これはやっぱり魔法です。何よりもまず、味が「絶妙」なのです。

どう絶妙かというと、主に二つの絶妙がある。

一つは、出来上がりがどんな味になるか、全然想像がつかないということ。ぬか漬けの味とは、単に塩味がつくとかそういう単純なもんじゃありません。塩気もあれば、酸味もある。そしてあの「ぬかくささ」が、微妙なスパイスとなって、「くさい」から、複雑な「美味しさ」へと転化する。

それが、素材そのものの持ち味と相まって、実際に食べてみると「ヌオッ!?」という驚きへ、そして「う、うまい……」という感慨へと変わる。

これが、天才ぬか床シェフの技であり、まさに人知を超えた味と言わざるをえません。

例えば最近漬けたもの。

こんにゃく

厚揚げ

いやー皆さん、これってどんな味になるか、想像つきますかね？

私は全く想像がつきませんでした。っていうか、そもそも美味しくしようと思って作ったわけじゃなくて、冷蔵庫のない暮らしなのに、大量のこんにゃくと厚揚げをいただくという「ありがたい非常事態」が発生し、野菜だったら干せばいいんだがこんにゃくと厚揚げはそうもいかないよなどうしよう？　となってそうだぬか漬けにすればもつんじゃないかと思ってやってみた。

具体的には、こんにゃくはあく抜きのために一度茹でて、冷めたところをぬか床へ。厚揚げはそのままぬか床へ。いずれも柔らかいので、漬けると言うより「埋める」って感じ。まるで埋蔵金を土の中に隠しておくような妙な感覚に襲われる。

で、まさにこれが埋蔵金レベルだったんです！

まずはこんにゃく。刺身のようにスライスして、上から細ネギの先端をハサミでちょんちょんと切り、さらにオリーブオイルをちらりとかける。

いや……こ、これは……。

なんと言いますか、ヒラメの昆布締め？　いやそれよりももっと複雑な、塩気と酸味が冷たいこんにゃくの風味と相まって、つるりと一切れ。グビリと熱燗。これぞまさに「オツ」な味！　もう止まりません。

ちなみにぬか漬けとオリーブオイルはめちゃくちゃ合う。特にお酒のアテにするときはおすすめです。日本酒でもワインでも。いきなりよそ行きなお洒落なイッピンになる。ゴマ油もおすすめです。

それから厚揚げ。

ぬか床から取り出して、こびりついたぬかごと、ゴマ油をひいたフライパンで焼きます。ぬかがいい具合にこんがり焦げて、思わず唾を飲み込みます。

で、大好きな大根おろしを添えて、熱々の厚揚げ焼きにたっぷり大根おろしをのっけて、パクリ。

う、う、うミャイ！

これも厚揚げの味が実に絶妙。塩分ほんのり、酸味がほんのり。そしてぬかのほのかな香りもほんのりと香ばしく、もし私がフランス三ツ星シェフだったら、こんなバランスの味付けを一体誰が？　と料理人を質問攻めにするしかありません。まさに人知を超えた味です。おそらくもっと長く漬け込んだらチーズっぽくなると思う。それはそれで絶対に美味しいんだろうなあ。

あと忘れられないのが、タケノコのぬか漬けです。

これも近所のおばあちゃんから立派な掘りたてのタケノコをいただき、張り切って湯がいたものの、何しろ冷蔵庫がない。さあ連日頑張ってこれからタケノコ食べ尽くさねばと気合を入れていたところで、あ、そうだ、ぬか漬けっていう手があったと思いつき、やってみたら……。

いやー、もうびっくり!!

世の中に、これほどの美味というものがあったのかと、真面目な話、瞠目をしたのです。

掘りたて・茹でたてのタケノコの上品な甘さに、やはりほんのりとした塩気と酸味とぬかの香りが加わり、甘い、甘いんだけどそれだけじゃない、なんとも大人っぽいお味。まるで我が家が京都の高級料亭になったかのようであります！


で、肝心なことはですね……。

これは声を大にして言いたい!!

この天国のような美味を味わうのに、レシピ本も、複雑な調味料も、料理の経験も腕も一切いらないということなのです。

ただただただ、ぬか床に漬け込んでおくだけ。一晩でも、二晩でも、それ以上でも、もう好きなだけ。それだけでもう、これ以上ない美味なイッピンが出来上がってしまうのです。料理が上手とか得意とか、そんなことも一切関係なし。それなのに、これさえあればもう余分なおかずなんて全然いりません！

そうぬか床さえあれば。

自由メシの要です。必須アイテムです。

＊ぬか漬けメモ

漬けるもの。
たいがいなんでもいけるっぽいですが、「どうかな？」と思ったらネットで検索することをおすすめします。この世界には先人が何人もおられまして、必ず結果がヒットいたします。で。それを見ても、やっぱりたいがいなんでもいけるっぽい。

ですが念のため、私がやってみて美味しかったものを列挙いたします。

◉春夏
ぬか床は暖かい季節は早くうまく漬かります（生き物ですから、暖かいと活発に働く）。しかも春夏の野菜は柔らかいのでそのまま漬けるだけ。簡単でウマい。

・ナス
・キュウリ

まずは、ぬか漬けといえばコレですよね。間違いのないお味。漬かりすぎて酸っぱくなったら、細かく切って生姜のみじん切りを混ぜたらそれはそれで立派な一品。

・ピーマン（ジャンボピーマンでも）
・セロリ
・ミョウガ
・新生姜
・新タマネギ

ぬか漬けって、クセのある野菜がよく合います。ぬかもクセがあるからね。人間もそうですが、クセにクセを合わせると予想外の爆発力を発揮する。

タマネギはものすごく複雑なスパイスを駆使したピクルスみたいで実に美味し

いんですけど、一つ欠点が。ぬかにタマネギの香りが移って結構長引きます。別の容器でやったほうがいいと思います。

・ミニトマト
・オクラ
・アスパラ
・枝豆

ミニトマト、本当に本当におすすめです。ただし漬かりすぎると皮が破れて流血するので、長くても1日で食べてください。オクラとアスパラはサッと茹でてから。枝豆も塩茹でをしてから。なんかチーズみたいでものすごく美味しい。しかし欠点は、丁寧に大捜索しないとどこにあるのか見つからないところ。まあそれもまた楽しいし、ぬか床をよーく混ぜるきっかけになると思えばいいんですが。

・ジャガイモ

これは意外に知られていませんが、非常に美味しいです。味ははっきりと「チーズ」です。固めに茹でてから。私は小さな新ジャガイモを皮ごと漬けるのが好き。食べる時はそのままスライスしたり千切りにしたりしてもいいですが、私は適当にスライスしてお好み焼きの具にするのが大好きです。チーズ入りお好み焼きになります（笑）。オリーブ油やゴマ油でシンプルに焼いて胡椒をふっても。

◉秋冬

寒くなるとぬかも動きが鈍くなる。なのでなかなか漬かりませんが、その分、ほったらかしにしておいても大丈夫です。夏野菜とは違った滋味があります。

・大根

・ニンジン

大きさは適当に。大きく切れば漬かりにくく、小さく切ればすぐに漬かります。

・ゴボウ
・サトイモ
・ビーツ

いずれも固めに茹でてから。サトイモはジャガイモと同様チーズっぽい。ビーツは別名「砂糖大根」と言われるほど甘いので、大根とはまた違う複雑な味になり非常に美味しいです。酢水で固めにゆでてから漬ける。ただし漬けているうちに真っ赤な色がぬかに染み出して流血の事態に（笑）。なので私は皮ごとつけています。もちろん皮も食べます。

＊そのまま食べるだけじゃありません

第4章でもご紹介しましたが、ぬか漬けはそのまま食べるだけじゃなくて、料理の材料にもなります。そのものに完璧な味が付いているので、具材にすることで自動的に料理も完璧な味になる。これを使わぬ手はありません。

私がよくやるのは、厚揚げと一緒に炒めること。どんなぬか漬けでもオッケーです。適当な大きさに切って、ゴマ油で厚揚げをぐしゃぐしゃ崩しながら一緒に炒めます。非常に美味しいです。

あと、ぬか漬けサラダも定番。適当に切ったぬか漬けと、サラダ用の葉っぱを混ぜて、ポン酢とオリーブオイルをかけて食べます。ただの「葉っぱだけサラダ」よりも、ぐんとご飯のおかず向きな、深みのある味になります。ここに茹でたそばを入れると主食とおかずを兼ねた「そばサラダ」に。

さらに、お好み焼きを作る時、細かく切って具にします。先ほど書いたジャガイモだけでなく、ニンジンやピーマンを入れることも多い。これも、適度な塩味が加味されるので非常に美味しくなります。もちろん焼きそばの具にも最高。

✳ 美味しいぬか漬けをものにする最大のコツ

あとですね、実はこれが美味しいぬか漬けを食べるための最大のキモかと思うのですが、「ぬか漬けやってみたけどうまくいかなかった」「ぬか床をダメにした」という人は、結局のところぬか漬けを食べない人なんですね。

だって毎日のように食べていたら、世話をするも何も毎日混ぜざるをえない。ダメにすることなんて、そもそもあり得ないからです。

言ってみれば当たり前のことだけど、私も長い間そのことに気づかなかった。

ぬか床ライフをそれなりに楽しんではいましたが、常に「混ぜなくちゃいけない」という義務感を抱いておりました。サボっている時は、それを自覚して重苦しい気持ちになっていた。

それが最近、ふと気づけばそんな重苦しい気持ちがなくなっているんです。あれ、なんで？　もしかして私、成長した？　ついに、ちゃんとぬか床の世話をできる人間になったのか？　と思ったりしていたのですが、いやよく考えると、全然そんなことじゃなかった。

ただ単に、食生活が変わったせいで、毎日のようにぬか漬けを食べている。それだけのことだったんです。

第1章でも書いたように、冷蔵庫をやめたことをきっかけに、毎日の食事が「メシ・汁・漬物」というごく単純なものになったせいで、「漬物」ってものが日々の食卓に必ず登場するようになった。で、この漬物っていうのがほぼぬか漬け。もちろん味噌漬けとか塩漬けとか醤油漬けとか、漬物っていろいろありますが、なんといってもぬか漬けが一番楽ちんなんだもん。ただただぬか床に突っ込んでおくだけでほぼ1日で出来上がり。

しかも、漬けておく食材が変われば見た目も味も変わる。ぬか床の地味さ加減と相反して、カラフルなぬか漬けのある食卓はエラくゴージャスです。ぬか床があるというただそれだけで、毎日同じものを食べるという単調さとは無縁の世界が展開される。

そんなこんなでぬか漬けがメーンディッシュの座に君臨し始めている。となるとぬか床がどんどん元気になり、ぬか漬けがますますうまくなる。そして我が腸もどんどん健康になり、お肌もピカピカです。

いや、もうこれ以上人生に必要なことなんてあるでしょうかと思う今日この頃であります。

6

調味料地獄から脱出せよ

台所の混乱はクロゼットの混乱と同じ

「塩、醤油、味噌」さえあれば

今の私の台所は、我ながら実に美しいと思うのです。はい、自慢です。少なくとも自分史上最高にスッキリしている。エヘン。

しかし台所そのものは、自分史上最小です。

なにしろ会社を辞めて給料をもらえる身分ではなくなりましたから、この家賃高騰中の東京で暮らそうと思えば、どうしたってこのようなことになる。小さなガス台とシンクが一つずつ。冷蔵庫置き場もありません。もちろん電子レンジやら電気炊飯器やらを置くスペースもない。まあいずれも持ってないからいいんですが……。

で、こんなに小さい台所なのに、なぜこんなに風通しがいいのか？

それは、私がついに齢50にしてようやく整理整頓ができるようになったから……だといいんですが全然そうではなくて、原因ははっきりしています。

私は調味料を減らしたのです。

日々使う調味料といえば、基本「塩、醬油、味噌」だけ。そうなると、専用のレール棚まで購入してぎっしりゴッチャゴチャになっていたガス台下の調味料スペースは、もうガラガラ。

そして、それは単に台所がすっきりしたという以上の結果をもたらしたのでした。

いやー……料理がめっちゃラク！

だって何を作るにも、そう炒め物だろうが煮物だろうが何だろうが……。
①今日は味噌味にしようか。
②醬油味にしようか。
③塩味にしようか。

味付けは、その三つから選ぶだけでいいのです。つまりはラーメンと同じですナ。その日の気分や体調により、「今日はあっさりしたものが食べたいから、塩ラーメンですっきりかな！」とか考えますよね。あれと全く同じ。

で、塩なら塩を少しずつ入れて、味見しながら「このくらいかな？」と自分で調整し、「これでよし！」と決断する。……いや決断と言ったって緊張しなくてもいいのです。いざ食べ始めて「ちょっと塩が足りないなあ」と思ったら、その場でパッパッと足せばいいんだから。

いやいや、料理ってなんて気楽なのかしら。

この歳になって初めて心の底からビックリしているのでありました。

だってですね、これはどういうことかというと……そう私にはもうレシピ本はいらないのです。

というわけで、これまで何十年もかけてコツコツと買い続け、際限なくたまる一方だった「小山」のようなレシピ本をほぼ全て手放すことになったのでした。

こうして台所も、本棚も、そして私の頭も心も、実にすっきりしたというわけです。

「A印」の憂鬱

いやいや何度も同じことを繰り返すようですが、わが人生にこんなことが起きるとは考えたこともありませんでした。

だってレシピ本って、夢そのものです。しかも「夢物語」じゃなくて、ちゃんと現実になる夢。美しく美味しそうな料理の写真を見て、ああこんな素敵なものが食べてみたいと夢を膨らませ、そして自分さえその気になればその夢はちゃんと叶うのです。これほど素晴らしいものはこの世の中にそれほどたくさんはありません。今にして思えば、私はその夢に支えられて様々に襲い来る人生の荒波を乗り切ってきた気がします。

で、私はその夢を手放したのでありました。まさかの事態です。

ところがですね、いざ手放してみると、意外なことに寂しさはほとんどなかった。

と言うよりも、実にすがすがしかったのです。

一体どうしてこういうことになったのか？

料理ってものを始めたのは中学時代です。きっかけは父の単身赴任。母が定期的に父の元へ通わねばならなかったので、その間の食事は私と姉が交互に作ることになったのでした。

必要に迫られてのことではありましたが、母が購読していた婦人雑誌から切り抜いたレシピを一生懸命見ながらピーマンの肉詰めやらサケのムニエルやらをこしらえるのは決して嫌いじゃなかった。完成品の美味しそうな写真を見て味に想像を巡らせ、さらに実際にそれを食べることができるなんて、食い意地の張った人間にとってはまあある種の魔法みたいなもんです。そう今にして思えばあれが夢の始まりだった。

中でも感心したのは、多くのレシピにつきものの「A印」という調味料の組み合わせでした。

たとえば、ある丼物の上からかけるタレは……。

(A)だし汁大さじ2、醬油大さじ1、砂糖小さじ2、みりん小さじ1

いやいやなんだか化学の実験みたい！

しかしその指示通りにキッチリと測って味付けをすると、確かに間違いなく美味しいのです。味がピタリと決まる。で、いつも作るたびに、こんな複雑な組み合わせを考えつく人ってどんだけ天才なんだろう？　と思っていた。

だって、組み合わせる調味料の種類と量を考えたら可能性は無限大です。で、その無限大の中から「コレ」っていう着地点を見つけ出すまでにはどれほどの試行錯誤と経験と想像力と天性のカンが必要なことか。

だからこそ、その「天才」の知恵をちゃっかり我が食卓に取り入れさせていただこうと、新しいレシピ本が出るたびにチェックせずにはいられないのでした。

……ところがですね、次第に私、この「A印」がなんだか重荷になってきたのです。

私が子供の頃は、調味料の数はごくごく限られていました。いわゆるさしすせそ、すなわち砂糖、塩、酢、醤油、味噌が基本です。そのくらいなら、それほどの手間もなく調味料を量って入れることができました。

ところが世の中が豊かになるにつれて、調味料の種類はもうどんどんすごいことになってきた。辛いものだけでも豆板醤やらコチュジャンやらかんずりやら柚子胡椒やらマスタードやら練りカラシやら、油にしてもサラダ油キャノーラ油オリーブ油ゴマ油エゴマ油ココナッツ油……酢にしても米酢黒酢ワインビネガーバルサミコ酢……A印の行列はもうどんどんどんどん長くなる一方です。レシピ通りに作ろうと思うと、我が家の調味料庫の瓶の数はどんどん収拾がつかなくなってきて、何を取り出すにも一筋縄ではいかなくなってきた。

もうこれは、調子に乗って買ったものの着ない洋服が溢れかえっている我が家のクロゼットと同じではないか。林立する瓶をかき分けてお目当ての調味料をガチャガチャと取り出して、蓋を開け、ちまちまと大さじ小さじに入れて測る。しかしそんなにしょっちゅう使うわけじゃないから何年も前に買った調味料が化石のごとく延々と蓄積していく。そしてますます調味料入れはごった返し、だから毎回のように発掘調査が際限なく繰り返される。その手間は、看過できないほどイラッとするものになってきた。

そして、問題は手間だけのことではなかったのです。

ここまで味付けが複雑になると、レシピを見ても出来上がりがどんな味になるのやら全く想像がつかなくなってきました。それはワクワクすることでもあるけれど、一方で、自分で料理をしているというよりも、なんだか指示に従って「させられている」ような感じがしてきたのです。

だからレシピ本がないと料理が作れなかったんだ

そして、際限なく増え続けるレシピ本の数。

だって本屋さんへ行くたびに、レシピ本コーナーには「わあ」と食いつきたくなる新刊がずらりと並んでいる。簡単で美味しい調理、健康にこだわった料理、気の利いた酒の肴……ああどれもこれも食べてみたい！　しかしそのうち我が家のレシピ本コーナーは何がどこにあるのやらわからなくなってきて、挙げ句の果てには昔作った料理をもう一度作ろうと思っても、もはやそのレシピがどの本に載っていたんだかが思い出せないありさま……。

これじゃあ何のためのレシピ本なんだか全くもって意味不明じゃないの！

しかしね、それでも私はレシピ本を買うのをやめることはできないのでした。

だって、レシピ本がなかったらどうやって料理したらいいのか全然わからないんだもん。それほど凝った料理じゃなくても、例えば炒めものとか煮物とか単純な料理ですら、何も見ないで作るとなるとたちまち足がすくんでしまう。

それはなぜなのか。

つまりは、本を見なければ、どうやって味付けをしたらいいのかが皆目わからなかったからです。

まさか、いろんな料理ごとにあの複雑な「A印」を覚えておくなんて絶対出来ません。かといって、自らあのような調味料の組み合わせを考え出すことなど絶対に不可能です。

言い換えると、レシピ本がないと料理が作れないのは、あのA印のせいだったんじゃないだろうか。

そして「塩味グループ」が残った

そうなんです。だからこの問題は、新たな食生活を始めたことでまさに「瞬時」に解決したのでした。

だって基本食はメシ、汁、漬物となれば、どれも味付けはワンパターン。っていうか、味付けといえば味噌汁に味噌を入れるだけなんですから。以上。頭を悩ます余地などどこにもありません。

なので私、生まれて初めて「調味料を処分する」という作業に着手することになりました。

さて、何をどう処分する？

まずは香辛料。これはA印に入っていたから買ってみたものが山ほどあったが、よく考えると10年前のものも……。ということは要するにめったに使わない、つまりはいらないということだよね。みりんは晩酌で飲む酒で代用できる。

会社を辞めて小さな家に引っ越したということも大きかった。台所が狭すぎて調味料を入れる場所そのものがほとんどないのです。というわけで、究極まで絞り込みを続け、最後に残ったのが、冒頭の**「塩・醤油・味噌」**でありました。

で、我ながら驚いたことに、どんな料理をするのも、この3つで全然十分だったんです！

お気づきかと思いますが、全て「塩味」グループ。つまり、料理とは究極のところ「素材に塩味をつけること」だったんです！

……いや、もしかしてそんなこと常識かもしれませんが、恥ずかしながら私は知らなかった。A印に依存していたせいで、料理の味付けってあれやこれやの複雑な調味料を組み合わせなければ完成しないんだと心から思い込んでいたのです。だからレシピ本が手放せなかったんだ。

しかし味付けの「コア」は、実は塩味だったんです！

え、それだと味が単調になるんじゃないかって？

いやーそれが全くそんなことなかったんですよ。こんな食生活を始めて2年が経過したわけですが、単調と感じたことは全くない。

それはなぜなのか。この機会に改めて考えてみました。

まず、言ってしまえば当たり前のことですが、そもそも素材そのものが味を持っていたんですよね。

肉や魚はもちろん、野菜の味も実にバラエティーにとんでいる。甘いもの。酸っぱいもの。苦いもの。さらに香りも食感も驚くほどに多彩です。

その複雑さといったら「A印」どころの騒ぎじゃない。つまりは、それ以上の余分な味付けなど実はあんまり必要ないんじゃないでしょうか。むしろ、複雑すぎる味付けをすることで、素材の味がわからなくなっちゃうんじゃないか。

先日、こんなことがありました。

近所の方から掘りたてのタケノコをいただきまして、せっかくの新鮮なタケノコを無駄にしてはならじと慌てて茹でた。さて、どうやって食べようか。クックパッドで検索したら山のようなタケノコ料理が出てきます。

しかし、考えてみればせっかくの新鮮なタケノコを新鮮なうちに頑張って茹でたのです。どうせ一度じゃ食べきれないし、まずは素材の味を楽しむべきじゃないか。

そうなんです考えてみれば「タケノコそのものの味」って知ってるようで知らないよね私。

というわけで、ただ油で炒めて、塩胡椒をふって、食べてみた。

そうしたら……。

う、うまーーーい!!

いやー、タケノコが甘いのなんの‼　で、甘さの中にほんの少しのえぐみがあって、それがまたなんとも大人っぽいアクセントになっている。

そう私、タケノコとはこれほど美味しいんだということを生まれて初めて知ったのでした。

これまで様々なタケノコ料理をしてまいりました。そしてそれはそれで美味しかったんだけど、考えてみればそれはタケノコの美味しさというよりも、出汁とか調味料の美味しさであった気がするのです。それが証拠に、タケノコといえばあの独特の食感のイメージしかなかったのです。タケノコの味は全然わかっていなかった。

で、これはタケノコだけのことじゃないんじゃないか。

要するに、これまで複雑な味付けをしすぎて、素材の美味しさをわざわざ殺していたんじゃないだろうか。

ってことは、あんなに頑張ってちまちま測ってきたA印って何だったんだ！

もちろん、素材の複雑な美味しさに、さらに複雑な調味料（A印）を掛け合わせることで「驚きの美味しさ」になるってこともあるはずです。しかしね、それはプロにお任せすべき世界なんじゃないだろうか。そういう特別な料理は外で食べればいいと思うのです。

普段の家庭料理で、何もそこまでやる必要なんてないんじゃないでしょうか。

で、もう一つの理由。

先ほど「塩・醬油・味噌」は、つまりはすべてが塩味グループであると書きましたが、実はこの中に、十分複雑な無限の世界があるのだと思うのです。

「塩」は文字通り塩味。シンプルな潔い味です。

一方、**「醬油」「味噌」**は発酵食品です。ただの塩味じゃない。それぞれに複雑な旨味がある。

つまりはですね、「味付けは醬油だけ」っていうと、えらく単純で手抜きみたいな気になりますが、考えてみれば全然そんなことはないんです。例えば代表的な野菜料理に「きんぴらごぼう」というのがありますが、これも味付けは醬油だけで十二分に美味しい。それはなぜかというと、甘くて苦くて土くさい複雑なゴボウの味に、さらに旨味たっぷりな醬油の塩味が加わるのだから、これだけでもうものすごく複雑な掛け算になっている。

味噌となればさらにねっとり濃厚。甘みもある。ためしにきんぴらごぼうを味噌で仕上げてみてください。甘くて苦いゴボウの味に、味噌の深い甘味と塩味が加わって、醤油とはまた違う、えもいわれぬ優しい味で驚いてしまいます。

味付けは「味見」で

で、この単純な味付けのもう一つの利点は、計量器具がいらないところです。味付けはすべて目分量。味見をしながら「このくらいかな?」とその都度判断して、少しずつ足していけばいいのです。だって一種類だから。多すぎるか、少なすぎるかだけを考えればよい。

なーんて偉そうなことを書きましたが、実は私、正直申し上げて、レシピ本を見て料理していた頃は、「味見」ってものをただの一度もしたことがありませんでした。

だって「A印」の通りにやることで精一杯だったんだもん！

……と、ついついA印のせいにしてしまいましたが、今から考えてみるとあれは依存であり思考停止だったと思います。レシピ通りに作り、それであんまり美味しくないと、その原因を考えることなく「二度と作るもんか！」とレシピのせいにして怒っていた。本当は、味見をして「なんか違うな」と思ったら、塩味を足すとか別の何かを足すとか、いくらでもなんとでもできたのに。

……いやそうでもないか。たぶん私は、なんか違うなと思っても、何をどう足したり引いたりすればよいのやら、さっぱりわからなかった気がする。

というのも使う調味料の種類があまりにも多すぎて、何をどう足したり引いたりすれば何がどう変わるのか、全然わからなかったに違いない。

うーん、これはやはり、洋服でパンパンになったクロゼットと同じです。洋服がありすぎるほどあるのに、何を着たらよいのかよくわからないっていうやつです。

結局は、レシピ本にただただ依存していたのです。

ところが味見をするようになったら、初めて自分の頭で「味付け」というものを考えるようになりました。そうしたら、料理ってこんなに単純だったんだと、ずいぶん台所に立つことが自由になりました。

なあに世の中には食べられないものなんてありません。素人なので複雑なことはできませんが、「塩味」を調整するだけならば私ごときでもなんとかなる。「もうちょっと足したほうがいいかな」「このくらいでやめとくか」のどちらかしかないんだから。

それでも、いざ味見をすると、迷うことが多いです。このくらいでやめておいたほうがいいか、それとももうちょっと入れたほうがいいか。これがなかなかどうして単純じゃない。

なんか薄いなーと思って塩味を足していると、煮込んでいるうちになんか味が濃くなってきたり、鍋でグツグツしてる時に味見した時はちょうどいいように思えたのが、いざ皿に置いて食べようとしたら、あれ、なんかぼんやりした味だなあと思ったり。

つまりは、味見すればするほど迷います。

足すべきか？　足さざるべきか？

「自家製ポン酢」で贅沢に手抜き

で、いろいろと微妙な失敗を繰り返したあげく、私、解決法を編み出しました！

迷った時は**「酢」**！

そう。「お酢はすべてを救う」（by稲垣）のです。

つまりですね、炒め物でも煮物でも、塩味は十分つけたはずなのに、なんだか味が決まらないなあと思ったら、さらに塩味を足す前に、恐る恐る酢を入れてみる。

するとですね、ぼんやりだった味が、突然「キリッ」「シャキッ」とするのです。酸っぱさを感じない程度の量でいい。それだけで、なんだか背筋が伸びた味になる。

場合によってはかなり大胆に入れてもそれはそれで美味しいです。私は酸っぱいものが好きなので、ドボドボ入れることも多いです。加熱するとツンとした刺激が飛んじゃうので、意外にたくさん入れてもマイルドなんです。

そうだよ考えてみれば、お酢の原料は米です。つまりはお酢ってお酒みたいなもの。だとすれば出汁代わりの一アイテムと考えてもいいんじゃないでしょうか。


というわけで、私が常備している調味料は「塩味三兄弟」だけであると書きましたが、ちょっと嘘をつきました。「酢」も欠かせません。

これさえあればなんでも作れます。

まず塩味。で、困ったら酢に救ってもらう。

以上です！　いやー、味付けなんてか・ん・た・ん・だ！


で、この塩味と酢をあらかじめミックスさせたものが**「ポン酢」**です。

最初からこれ一本で味付けをしてしまえばすべてのものは失敗なく出来上がるので手放せません。

スーパーに行けば安いものから高いものまでありとあらゆるものが売られていて、どれを買うかと迷うのも楽しいですが、私が心がけているのは「ポン酢は良いものを使うこと！」。ついつい最安値のものに手が伸びそうになるところをグッと我慢して、中以上の値段のものを買うようにしています。ポン酢はあらゆる料理に頻繁に使うので、ポン酢の美味しさが日々食べるものの美味しさと直結してしまうからです。

……しかし、ありとあらゆる値段のポン酢を前にすると、やはり安さに目が行き心は千々に乱れるばかり。というわけでスーパーの棚の前で迷い葛藤するのに疲れた私は、ついにポン酢は自分で作って常備するようになったのでした！

いやこれがね、作ると言ったって全くたいしたことないのです。超簡単。

空き瓶に柑橘の果汁（ユズ、スダチ、ダイダイなど）を半分入れて、そこに醤油を足す。つまりは半々ぐらい。で、そこに出汁昆布の破片を入れておく。

これだけで超絶に美味しい本格ポン酢ができてしまいます。通常は市販の果汁（ユズ果汁、スダチ果汁など）を買ってきますが、田舎の友人から生の柑橘をいただいた時はそれを絞ります。これはまあ本当にぜいたくです。

砂糖はなくても生きていける

さて、ここまでお読みいただいてお気づきの方がおられるかもしれませんが、私、料理に「砂糖」は使いません。ついでに「みりん」も使いません。

昔はずーっと使っていたんです。日本のお惣菜って甘じょっぱい、あるいは甘酸っぱい味付けが多いんですよね。すき焼き、肉ジャガ、酢の物、どれも砂糖が入ります。で、これがなんともほっとする美味しさ。おふくろの味。それが当たり前だと思って育ってきた。もちろん、ほとんどのレシピ本の「A印」にも必ずと言っていいほど砂糖やみりんが入っています。

それをやめてみようと思ったきっかけは、最近すっかりお馴染みになった「マクロビオティック」という食事法のレシピ本を読んだことがきっかけでした。

肉や乳製品を使わないというのはまあベジタリアンということなのかなと思って読み進んでいたら、なんと砂糖も使わないと！　その発想には非常に驚いた。

健康がどうとかいう以前に、それで本当に料理が作れるんかいな??

で、試しにレシピ本通りにいくつか作ってみたわけです。

そうしたらですね、結論から申し上げると、砂糖がなくたってもう全くどうってことなかったんですよ驚いたことに！

もう少し丁寧に解説すると、甘い味付けがしたければ、甘い素材を使うか、もしくは甘みのある調味料を使えば良いのです。

甘い素材。サツマイモ。カボチャ。これは誰もが思い浮かぶのではないでしょうか。これを煮たり焼いたり炒めたりすれば甘いお惣菜の出来上がりです。通常はここに砂糖を加えるレシピが多いのですが、なんで?と思う。むしろ醬油や味噌などの塩味を効かせたほうが、より甘さが際立つし、ご飯にも合う。

他にも甘い素材はいろいろとあるんです。

まずはネギ。タマネギも長ネギも、じっくりと炒めると驚くほど甘くなります。私のすき焼きは、たっぷりのネギをじっくり炒めて醤油で味付けします。これで十分「甘じょっぱく」なるんです。その他の煮物、例えばがんもどきを甘じょっぱく煮つけたい時も、同様にタマネギをじっくり炒めて醤油で味付けした煮汁でがんもを煮る。

それから切り干し大根。これは本当に煮物にすると砂糖かと思うほどの甘さがあります。だから、やっぱり甘じょっぱい煮物を作りたい時、水で戻した切り干し大根と醤油で味付けすればバッチリです。ただし戻した水をそのまま使うことを忘れずに。これが本当に甘いんだから。飲んだらびっくりするよ。

あとニンジンも甘い。余談ですが私、乗馬をかじったことがありまして、馬って本当にニンジンが大好きなんですよ。ニンジンを持参すると狂喜のあまりドアや壁を蹴っ飛ばすほどです。で私、「子供があんなに大嫌いなニンジンをあんなに喜んで食べるなんて、馬ってなんてエライのかしら」と感心していたのですが、いや何のことはない、あれは甘いんですな。馬にとってはスイーツだったというわけです。ちなみに馬はリンゴも好き。リンゴとニンジンは同レベルらしい。

で、ニンジンを千切りにして、弱火でじっくりと炒めて味噌をからめて食べてみてください。本当に甘じょっぱいです。


そして、甘みのある調味料もいろいろとあります。

私は、味見をして「うーん何だか甘みが欲しい」と思ったら酒か味噌を入れます。ちなみに我が家の味噌は、麹をたっぷり使った甘みが強い九州地方の「麦味噌」。もうこれはほとんど砂糖代わりと言ってもいい。

あと、「バルサミコ酢」。酢飯を作る時、一般的には砂糖を入れた甘酢を使いますが、そんなことせずともバルサミコ酢を混ぜるだけで甘い酢飯が完成。洋風のハイカラな酢飯で非常に美味しい。今は持っていないのでやりませんが、広い台所を使っていた頃の懐かしい味です。

練りゴマも甘みを感じる調味料です。


こうしてみると、やっぱり甘い食べ物ってなかったら寂しいです。人生にはやはり「甘さ」が必要なのです。しかしそれは、砂糖とみりんだけが持っているものじゃなかったんです。

自然界はすでに「甘いものだらけ」。自然はすでに人を十分甘やかしてくれている。

むしろ砂糖とみりんばかりに甘さを頼っていると、強烈な甘さに舌が慣れてしまって、密やかな自然の甘さに気づくことができなくなってしまう。つまりは自分を甘やかしてくれる親切な者たちに出会っていてもスルーしてしまいます。

で、砂糖と決別した私はそんな寂しい暮らしとは無縁であります。

最近、何気ないものを食べていて「うわっ、甘‼」と驚くことが増えました。玄米ご飯に小豆を混ぜて炊いたら、その小豆が甘くて甘くて……つまみ食いが止まらなくなるということは第2章で書きました。

先ほども昼ご飯にスナックエンドウ入りの味噌汁を食べましたら、やはりこのエンドウが甘いのなんの。びっくりして腰を抜かしそうになった。いやほんと。

こうした小さな幸せに気づき始めると、強烈な甘さがなんだか過剰に思えてきてしまうのでした。あんなに好きだったケーキや菓子パンも、一口食べただけでまさかの「胸いっぱい（胸焼け）」なのです。なんか、向こうからグイグイ来るものが疲れちゃう。いやいやこれぞ最強のダイエット法なんじゃ？

というわけで、なんだかんだとやっているうちに、砂糖とみりんの出番は全くなくなってしまい、我が家の台所から両者が消えて久しいのですが、恋しく思ったことはたえてありません。

油で贅沢

こうして調味料をシンプルにしていくとなんだか味に敏感になってきまして、そうなると気になり始めたのが**「油」**です。

どうも、料理の風味をしっかりと下支えしているのが、実は油なんじゃないか。炒め物はもちろんですが、煮物にしても最初に油で炒めてから煮る料理は多い。ここで美味しい油を使うと、ゴテゴテと味を付けなくても、どうもそれだけで美味しい感じなのです。

というわけで、私は思い切って油を2種類に絞り込むことにしました。

「オリーブオイル」と「ゴマ油」です。


どちらも風味がいいので、料理に使うだけでなく、食べる直前に「垂らす」こともできるのがポイントです。大根おろし。ぬか漬け。味噌汁……。つまりは食べる時に「ちょっとご馳走風にしたい」「ボリュームが欲しい」と思ったら、ひと垂らし。これで普段の料理が大変身します。

特に、意外なところでオリーブオイルが和食ととてもよく合うのです。

例えば……、
ぬか漬けにひと垂らし。

大根おろしにひと垂らし。

味噌汁にひと垂らし。

鰹節に醬油をかけたものにひと垂らし。

それだけで、いつものおかずがよそ行きに大変身。

大阪で大人気の居酒屋で料理人をしている若き友人が「油は出汁だ」と言っていたのですが、本当にそうだなあと。

そしてオリーブオイルもゴマ油も、できれば奮発して高い油を使うことをおすすめします。そうなるともったいないから「ほんのちょっと」ずつしか使わないので、油を使いすぎることもないし、そうなればダイエットにもなるし、実際「ほんのちょっと」だけで絶大な効果を発揮するのです。そうなれば高い油も結局は高くない。そう思えば、わずかな投資で日々大きな贅沢を味わうことができます。

最後はお助け三兄弟におすがりする

さて、こうしてレシピ本がなくとも味付けをすることができるようになった私ですが、それでもやはりプロの料理人でもなんでもない凡人の悲しさ。いざ食べ始めてみると「あれ、なんか味が足りないなあ」と思うことがままあります。

つまりは、味見をしながらいつでもピタリと味を決めることができるのが「プロの料理人」というものなのでしょう。素人にはそこまでのことをするのは難しい。

考えてみると、だからこそレシピ本というものが生まれて、「Ａ印」ってものが生まれたわけです。あれに従えば間違いなくピタリと味が決まる。

しかしせっかくレシピ本地獄から自由になったのですから、今さらあの世界に戻るわけにはいきません！　というか、素人がプロのようにいつもピタリと味を決めなくたっていいじゃないですか。どんな味が美味しいと感じるかは実は人それぞれです。同じ料理を食べても、味が薄く感じる人もいれば濃く感じる人もいる。それだけじゃありません。自分のことを考えても、体調によって、しっかりした味付けのものが食べたい日もあれば、ぼんやりと薄い塩味、あるいは酸っぱいものを食べたい日もある。

つまり、ここにこそ素人が料理する圧倒的な強みがあるんだと思うのです。自分の好きなように、まるで絵を描くように自由に味をつけたらいいのです。

例えば先日、二日酔い気味でなんにも食べたくない気分。でも何か温かいものをお腹に入れておきたくて、少々の味噌で味付けをしたトマトとエノキのスープを作りました。トマトの酸っぱさが恋しかったのです。で、味見をしたら美味しいんだけど、もっと酸っぱいほうがいいなと思ってさらに酢を足し、「酸っぱいトマトスープ」をふうふう言いながら食べているうちに体が楽になってきた。

こんな料理はどんなプロの料理人も作れません。自分が食べたいものは自分が一番よくわかっているし、自分にしか作ることはできないのです。

そう思えば「味がピタリと決まる」なんていうことは、素人は追求しなくていいんじゃないでしょうか。追求すべきはその日の自分が食べたい味を自分の手で作り出すこと。そのためには調味料の種類が少ないほうがいい。自分の手にあまるものは混乱と疲労のもとです。

とはいえですね、最初に戻りますが、いざ食べ始めたら、うーん、なんだか今一つという時、どうするかという選択肢がないわけじゃない。なので、最後にそれをご披露したいと思います。

まず一つの有力な選択肢は、そのまま食べるということです！

でも我慢して食べるんじゃなくて、考え方をちょっと変えてみる。よーく嚙んで、ぼんやりした味の奥にある素材の味を探すというのもなかなかオツなものです。あ、キャベツってこんなに甘かったんだなあとか発見するのはこんな時。つまりは「まずい」と決めつけずに、一旦、美味しいまずいの固定概念を外して「味探しの旅」に出るというわけです。

つまりは精神論ですな（笑）。

しかし例えば人様に手料理をお出しする時などは、そうもいかないこともあるでしょう。そのような時、私は「お助け三兄弟」におすがりすることにしています。

それは、**「鰹節」「塩昆布」「すりゴマ」**です。

鰹節は、これはもう強烈な旨味成分です。つまりは昔はどこの家の食卓にもあった「味の素」のようなもの。炒め物も漬物も汁物も、これをはらりとかければ、もう有無を言わせぬ「旨味」で少々の欠点はたちまち覆い隠してくれます。

塩昆布。これも旨味たっぷりで、しかもしっかりとした塩味が付いているので、例えばサラダや塩もみなど生野菜の料理をするとき、上からはらりとかけたり、野菜と一緒にもみ込んだりすると間違いなく美味しくなる。

そしてすりゴマ。これは前の2つほどの強烈な威力はありませんが、独特のコクと甘さがあるので、どんな料理でも上からパラパラとかけるとまるで煙幕のように「なぜか結構美味しい」という味にしてくれます。

この三つを常備しておけば、少々の失敗を恐れることなどありません。っていうか、しつこいようですが料理に失敗なんてない。だって全部「食べられるもの」で作るんだから、どうやったって食べられるはずなんです。

つまりは延長戦に持ち込めばいいんです。味見して、あ、どうも今一つな出来だなと思ったら、まだ「料理の途中」だってことにすればいい。塩味を足し、それでもダメなら酢を足し、それでもダメなら鰹節をふりかける。私はそうやって日々の食事を「失敗なし」で乗り切っております。

7

調理道具は揃えるな

「可能性」を封じ込める

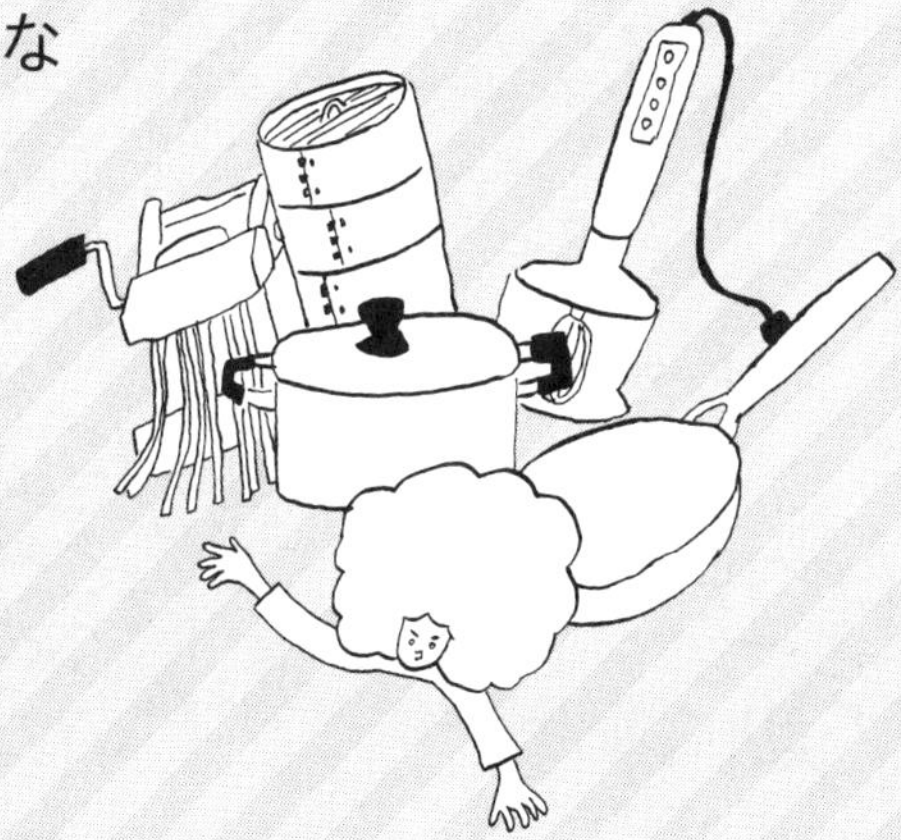

「料理好き」は「調理道具好き」

さて、料理といえば切っても切り離せないのが調理道具です。

そして、料理好きはほぼ例外なく「調理道具好き」でもある。

つまりはあれもこれも作りたい、食べてみたい、さらにはもっとちゃんとまるでプロみたいに作りたいと願うほどに、調理道具はどんどん本格的になり、その種類も増えていくのであります。

自称料理好きの私も、もちろんそうだった。例えば鍋だけでも、一体何個持っていただろう?

丸元淑生さんの本に影響されて買ったビタクラフト、母が誕生日にくれたル・クルーゼ、姉貴が就職祝いにくれた鉄の大きなフライパン、転勤時に会社の後輩が餞別に送ってくれた圧力鍋、さらに揚げ物用の鍋、すき焼き用の鉄鍋、飯炊き用の土鍋、そしてミニセイロのついた小さなアルミ鍋……。いやもう一人暮らしなのにこのアリサマ。それでもまだビタクラフトの小さなフライパンが欲しくて

欲しくて物色していたっけ。鍋ってよほどのことでもない限り壊れたりしないから、とにかく際限なく増え続けるばかりなんだよね。

それにしても、なぜ調理道具ってあんなに魅力的なんでしょう。

外出先で洒落た調理道具屋さんがあると、必ずふらふらと店内へ吸い込まれてしまう私でありました。道具というのは本質的にかっこいいし、それを使って自分で何かを作り出す様子を想像すると本当にうっとりするのです。

そう、そこにあるのはワンランク上の暮らし。

パスタマシンとかね。取っ手を回したらニョーンと生麺が出てくるなんて、あまるで憧れのイタリアのマンマのようじゃありませんか。我が家がイタリアに大変身だよ〜と、しばし妄想に暮れる。

さらに「その道具がなければできない料理」っていうのがレシピ本に載ってたりするわけです。フードプロセッサーさえあれば一瞬にして洒落たスープやらソースやらができるとか。そう言われると、フープロを手に入れなければ本来得られるはずの人生の輝きが損なわれるような気がして焦ってくる。かくして調理道具の誘惑はとどまるところを知らなかったのでありました。

しかしですね、私、幸か不幸かそのような夢とは一切無縁となりました。何度も言いますが、会社を辞めて引っ越した家の台所があまりにも狭すぎて、とてもじゃないが我が大量の調理道具を新居に運び込むことは不可能だったからです。つまりは鍋もボウルもフープロも、容赦ないリストラを敢行せざるをえなかった。

鍋1個、包丁1本さえあれば

で、究極まで減らして残った主な調理道具は、以下の通りです。

・ミニカセットコンロ1台
・ストウブの小鍋
・小さな鉄のダッチオーブン

・包丁1本とまな板1枚
・ボウルとザル1個ずつ

いやー、まさかの超大胆リストラ！
多種多様の鍋は、古いものは処分、新しいものは人様に差し上げました。新品同様のものもあって（つまりはあまり使ってなかった……）とても喜ばれましたが、一方の私は、人生で経験したことがないスカスカの台所に不安が募ります。社会人になり一人暮らしを始めたばかりの時だって、この倍は鍋やらボウルやら持っていた気がする。

だ、大丈夫なのか？

ちなみに第1章でご紹介した料理の達人・桐島洋子さんも、著書『聡明な女は料理がうまい』にて調理道具はシンプルにと説いておられます。しかしその桐島さんにして、具体的なその中身を見れば……。

まな板2枚、ガスレンジは3口、オーブンは是非とも、フライパン3個、鍋は蒸し器も入れて5個、包丁は3種類、ボウル3個、ザル2個、タッパー各種各サイズたくさん、さらに消耗品として、ラップ、アルミホイル、ワックスペーパー、ペーパータオルも揃えるべし……とある。

いやいや、今の私から見たらシンプルどころか非常に大掛かりな道具立てとしか思えません！

でもわかりますこのチョイス、非常にプロっぽくてかっこいい。桐島さんの言うシンプルとはそのような意味なのだと思う。

しかしですね、家で普通にご飯を食べるということを考えれば、果たしてここまでの道具立てが必要なのか。

だってね、私、たったこれだけの道具で、意外に、全くもって、全然なんとかなっているのでありました……っていうか、改めて考えてみると料理が非常にラクに楽しくなったじゃないの！

作れないものは作らないという自由

その理由は実にシンプルで、この道具で作れるものしか作らない。

そうなると、メシ、汁、漬物の他に作れるものはせいぜい一品です。だって鍋が1個だし、それ以前に火元が1個。そうなれば「一汁一菜」などと提唱するまでもなく、実際にそれしかできやしない。

もう少し具体的に言うと、1個しかない火元はまず「汁」に使わねばなりません。となると、それ以上大した料理はできぬ。

で、これってまさに江戸時代の台所なのでありました。冷蔵庫も炊飯器も電子レンジも処分し、さらに引っ越しにより「3口コンロ」もなくなった結果、我が江戸へのタイムスリップはここへきてついに完成したのです。

だから江戸時代の人がそうであったように、それ以上作らなくたって何の罪悪感も感じない。

だってできないんだもーん。

となれば「今日は何を作ろうか……」などと悩む余地もなし。

いやー、料理ってなんて楽チンなんだ！


わずかに考えることといえば、メシ、汁、漬物以外の「一品」ですが、これにしたって複雑なことはできない。だって複雑なことをしていたら味噌汁が冷めちまいます。

そう割り切ってしまえば、事態は実に単純でありました。

まずは何よりカンタンなのは、肉や魚を焼くことです。焼いて塩でも醤油でもかければ出来上がり。肉魚そのものに強い旨味がありますから、何も考えずとも一瞬で一品が完成します。

野菜料理とてムツカシク考えることはありません。残った野菜を眺めて、
焼くか。
煮るか。

生で食べるか。

……を決めるだけでいいのです。

もう少し具体的に説明しますね。例えば、**カボチャ**があるとしましょう。

煮るか。

焼くか。

(生はチト硬そうなのでやめておく)

それを決めれば良いだけのこと。

煮るとしたら、塩味にするか、醬油味にするか、味噌味にするか。

焼くとしたら、ニンニクやベーコンを入れてもいい。塩胡椒をふれば完成。カレー粉をふっても美味しそうです。

以下同様に。

ネギがある。

焼くか。煮るか。サラダにするか。

焼くならぶつ切りにして。焦げ目がつくまでフライパンで焼いて酢醬油をかけようか。味噌味も行けそうだ。厚揚げと一緒に味噌を入れて焼いたらどうかしら。煮るなら斜め切りにして、適当に切った油揚げと醬油味で煮たら甘く美味しいに違いない。

サラダ。薄く切って、水にさらして。ゴマや鰹節でもかければオツなツマミになりそうだ。

ニンジンがある。

焼くか、煮るか、サラダにするか。

太めの輪切りにして油でじっくり焼いたニンジンは本当に甘くてうまいのである。味付けは醬油でもかければ十分。もちろん千切りにしてきんぴらもいける。

薄い輪切りにして醬油味で煮たニンジンも素朴に美味しい。

またニンジンのサラダというやつは実に気が利いたおかずだ。千切りにして塩もみし、オイルと酢をかけて食べるだけ。レーズンなど入れても洒落ている。ご飯のおかずにも、酒やワインのつまみにも。


レタスがある。

焼くか。煮るか。サラダにするか。

千切りにしてご飯と混ぜて焼けばレタスチャーハンである。レタスだけを大きくちぎってニンニクやサクラエビと炒めるのもいける。

そしてレタスは煮てもうまい。レタスのスープは夏の暑い日の夕食にぴったりの料理だ。ニンニクとオイルでアクセントをつけるのが合う。

サラダはもう言うまでもありませんね。私は有元葉子さんのアイデアで、海苔をちぎって入れるのが好きです。

大根がある。
焼くか、煮るか。サラダにするか。大根おろしにするか。

……こんな感じである。

ついいろいろと私の好みを書いたが、そんなことには左右されずなんでもやってみたら良いのだ。大概美味しいはずである。で、全然難しくない。

つまりは、焼くといえばアウトドア料理を考えてもらえればいいのだ。バーベキューで肉や魚や野菜を焼く。焼いてタレをつければ十分美味しい。あれでいいのである。

そして、煮るといえば鍋料理みたいなもの。残りものでもなんでもどんどん入れればそれがどれもすごく美味しい。で、汁気が多ければスープ、少なければ煮物と名づければ良い。

これだけでもう無限大のメニューができてしまう。

可能性を封じ込める

とはいえ確かにね、この道具立てでは、桐島さんのような「タンザニア風オクラの詰めもの」「シベリア風水ギョーザ」「ジャワ式焼き鳥」「韓国式野菜炒め」「ペルシア風ほうれん草オムレツ」……などというご馳走をズラリとおもてなしのテーブルに並べることはできません。

しかし日々自分が食べることだけを考えれば、こんなご馳走ができないからといって悔しく思ったり、劣等感を感じたりする必要は全然ないのではないでしょうか。

「ハレ」と「ケ」という言葉があります。ハレというのは特別な日。ケは日常のこと。

人生にはこの両方が必要なのだと思う。

単調な日常ばかりでは、暮らしの「おり」のようなものが少しずつ積もってきてしまいます。そのおりを、ごくたまに祭りとか、宴会とか、いわばフェスティバルによって爆発させ、リセットさせる。

これを繰り返していけばいいのです。つまりはバランス、メリハリが肝心なんですな。日常ばかりでも、祭りばかりでもいけない。

ところがこれまでの私は、「毎日がフェスティバル」の人生こそ素晴らしいと思っていたんじゃなかろうか。
　毎日がフェスティバルって、確かに一見楽しそうな気がします。しかしよくよく考えたら、そりゃあ疲れるよ！　っていうか、毎日がフェスティバルだったらそれはもはやフェスティバルじゃない。単なる落ち着かない日常です。

　それってどうなんだ……ということにですね、私は今ようやく気づいたのであります。

　ケ。いいじゃないの！　やってみれば物足りなくも寂しくも惨めでもない。むしろ素材も味付けも調理法もシンプルな分、気がつけば、もぐもぐと噛みながら素材の味を一生懸命「探す」ようになっているのです。カボチャの甘さ。ネギの甘さ辛さ。ピーマンの苦さ甘さ。あれこれと凝った調理をしていた時代にはほとんど知らなかった、いや知ろうともしなかった味である。

　つまりはですね、調理道具を減らした分、私の口の中も一種の「調理道具」となっているってことじゃないの！

そして、これはケならではの美味しさなのです。だってこんな単純な料理、お店じゃ売れません。だって高いお金を取れないからね。家だからこそ可能な「ご馳走」なのです。

プロっぽい道具でプロっぽい味を家で再現する必要なんてない。家は家の味でいいんです。それこそが最高なんです。

私は調理器具を究極まで減らして初めて、そのことに気づいたのでありました。

ラップもタッパーも必要ない

で、気づけば私、ラップもタッパーも使わなくなった。

ラップもタッパーもない人生。そんなものがあるとは考えたこともなかったよ。しかし考えてみれば当たり前で、こんな料理をするようになると「作りおき」なんてしなくていいのだ。

っていうか作りおきをする余地がない。ただシンプルに煮たり焼いたりというだけなら、これ以上時短をする必要もあるまい。

こうして我が料理はどんどん単純になってきております。作り置いておかねばならぬような凝った料理は、もう私の人生にはいらないようなのです。

たくさんの食材。たくさんの調味料。たくさんの工程。

そういうものを自在に扱えるのが「料理上手」なのだと思ってきた。確かにそんなことができる人は料理上手に違いありません。というよりもはや神に近い天才と言ってもいい。

しかし、毎日生きていくのに、そんな神業を持っている人でなければ豊かな暮らしができないなんて、考えてみればおかしな話である。誰もがプロの料理人のようになる必要なんてない。

調理はできるだけ単純に、時間をかけず、似たようなものを毎日食べる。気づけば、それが一番落ち着くのである。

私の愛用の道具たち

で、ここで私の愛用の道具たちをご紹介したいと思います。

誤解してほしくないんですが「これを使え」と言っているわけじゃあありません。ただの自慢です。家族自慢みたいなもんです。

道具なんて、何だっていいんだと思います。

ただあるものをフルに使えばいい。そうなるといろんな工夫やアイデアが浮かび、どんな道具も生き生きと活躍してくれるんじゃないでしょうか。

そのためにも、やはり道具は少ない方がいい気がします。多くのものを持っていると個々の出番が減り、道具への愛も行き渡らなくなる。

思うに、人には身の丈に合った道具というものがあるのです。豊かさとは、よりたくさんのもの、より高価なものを持っていることではなくて、自分が十分に使いこなせる範囲の道具を持ち、その良さを日々十二分に生かしながら「共に生きる」ということなのではないでしょうか。

そう思って自分の台所を見直してみると、実は案外と、よく使う道具はいつも同じだったりするかもしれません。

もしそうなら、使わないものは必要な人に差し上げて、そこのお宅で活躍してもらうことが、道具にとってもハッピーな気がします。

私もそうやって、道具を一つ一つ減らしていきました。

で、最後まで残った「我が精鋭たち」が以下の通り。いずれも、もはや生涯の相棒とも言える存在です。決して安くないものもありますが毎日毎日何度も使っているので全く高くないと思う。なんたってきっと死ぬまで添い遂げる相手なんだから。

《ストウブの小鍋》

料理好きの間では有名な、フランス製のとっても高いホーローのお鍋。さすがフランス。非常にお洒落です。高級なデパートに行くと色もサイズも様々なものがズラリと揃い、まるでパリコレのよう。ジロジロ眺めているだけで気づけば小一時間が経過してしまいます。

しかしこの鍋の素晴らしさは、見かけだけではありません。なんと、これ一個で全ての調理ができてしまう。煮るのはもちろん、焼く、炒める、揚げる、蒸す、なんでもオッケー！

なので私、全ての調理を、原則としてこの小鍋で行っております。まさに我が極小の台所のために作られたような。ご飯を炊くのはもちろん、味噌汁やスープやおじや作り、天ぷらや唐揚げ、野菜炒め、蒸し野菜、もうなんでもかんでも彼さえいれば何の問題もなく食べていける。もはや我が人生に欠かせぬ相棒。

なので他の鍋を欲しいと思うことは全くなくなりました。どんな素晴らしい広告を見せられようが、どこぞの人気料理研究家が「私の愛用の鍋」をおすすめしていようが、我が心はびくともしません。ただただ私はこれからの人生、彼を大切にしながら共に生きていけばいいのです。

人生とは実にシンプルです。生きていくのに必要なものなどそう多くはない。そう思うだけで心が軽くなります。


で、具体的な使い方。

炊く

白米はもちろんのこと、硬い玄米も少し時間をかければ美味しく炊ける。蓋が重いので自然に圧力がかかるんですね。圧力鍋ほどモッチモチにはなりませんが「人生に必要以上の圧力（プレッシャー）は必要ない」と言った方がおられ、確かにそうだと（笑）。確かにあれほどモチモチじゃなくても十分うまい。

煮る

鍋が分厚くて保温性が高いので、私はよく保温調理をしています。一旦沸騰させたら火を止めて、そのまま鍋帽子（これについては後述）で包んで放置しておけばじっくりと火が通って美味しく柔らかく味がしみ込む。つまりは美味しさと料理の効率化が両方手に入るのです。素晴らしい！

揚げる

これぞストウブ最大の特徴だと思う。少量（1〜2センチ）の油で、蓋をして揚げる。ジャージャーと恐ろしい音がしますが我慢して、少し音が収まったところで蓋を開け、ひっくり返して今度は蓋なしで1分ほど。油も無駄にならず、油ハネもなし。揚げ物が億劫と感じるポイントを全てクリアー。

炒める

炒めるというよりも「オイル煮」あるいは「オイル蒸し」という感覚。鍋にサッと洗ってカットした野菜を入れ、そこへ油と塩を足して混ぜ、蓋をして火にかける。それだけ。あらゆる野菜で一品ができてしまいます。野菜の味が生きるシンプルで簡単な最高の調理法だと思います。

蒸す

これは右記の「炒める」の油を水で行う感覚。カットした野菜を少量の水と塩と鍋に入れ、蓋をして加熱。炒めるよりあっさり。でも余分な水を使わないので野菜の味はやっぱり濃い。ポン酢やゴマだれ、ゴマ味噌など好みの味付けで。餃子や焼売など粉もんを蒸すときは、下にクッキングシートを敷くとくっつきません。

《小型鉄製ダッチオーブン》

ストウブでなんでもできる！　と書いて早々に恐縮なのですが、ストウブにもわずかに欠点がありまして。

それは、ホーロー製なので空炊きをするとひび割れてしまうこと。なので、しっかり焦げ目をつけたいような料理は不向きなのです。

その欠点を補ってくれるのが、この南部鉄器製のダッチオーブン。

もともとは電子レンジを捨てた時に「オーブンがなくなる」のが残念で、ネットで検索し「魚焼きグリルでも使える平たい小さなダッチオーブン」を発見して買ったのでした。ところが今やカセットコンロ生活になってしまい、魚焼きグリルそのものがなくなってしまった。で、よく考えてみれば普通にコンロの上にかけたって使えるはずだと。いやむしろ魚焼きグリルがない今となっては、これを魚焼きグリル代わりに使えばいいじゃないかと。パンも焼けるじゃないかと。

で、まさにその通りだった。パンが焼ける。外側はかりっと。中はふんわり。どんなオーブントースターよりうまい気がする。魚の干物もうまく焼ける。

それから焼き芋！　これはもう最高です。塩をまぶして蓋をして弱火でじっくり焼くだけ。余分な水分を入れないので本当にホクホク。サツマイモでもジャガイモでも長イモでもサトイモでも。これだけで十分すぎるご馳走になります。

《鍋帽子》

文字通り鍋にすっぽりかぶせる帽子。キルティング製で市販品もありますが、私の帽子は手芸が得意な友達がストウブのサイズにぴったり合わせて作ってくれました。しかも座布団つき。

で、これは本当に素晴らしい道具で、鍋一個に匹敵するといっても過言ではありません。

どのように使うかというと、前述したように、じっくり火を通したい煮物を作る時、朝のうちに材料と水と調味料を鍋に放り込んでいったん沸騰させ、火を止めてこの帽子をかぶせておく。すると、昼でも夜でも帰宅した時には、あらまあすでに美味しい煮物が出来上がっているというわけです。

つまりはコンロが一個しかない分、「時間」という資源に大活躍していただいているわけです。この方法に味をしめてから、私はその都度の食事の準備にかける時間が本当に大幅にカットされました。「10分でご飯」というのはこの鍋帽子の功績が本当に大きい。

《キッチンバサミ》

包丁一本あれば十分と書いておきながらなんなんですが、実を言うと最近「キッチンバサミがあれば十分」なんじゃないかと思っているのです。

包丁の欠点は、まな板を使わなければいけないこと。洗い物が増える。なので「ほんのちょっとだけ」何かを切りたい時は、わざわざ包丁に登場いただくのは気がひけるのでした。

そんな時、いや、ハサミでいいんじゃないかと思ってやってみたらもうこれが便利で便利で。

例えば味噌汁の上にネギの小口切りを散らす時。お椀によそった味噌汁の上から、ネギをジョキジョキと切って投入。

例えば、ぬか漬けをちょこっと食べたい時。ぬか床から一切れのキュウリやらニンジンやらを取り出して、洗って、ハサミでジョキジョキ切ってお皿へ。

例えば、豆腐屋さんで買ってきた油揚げを味噌汁に入れる時。鍋の上からハサミでジョキジョキ……。

やってみると、ほとんどのものが切れる。となると「ネギを入れたいけど面倒だからやめとくか」「ぬか漬けちょこっと食べたいけどまあいいか」みたいなことがなくなります。で、結果的にいつも気の利いた食卓になる。

というわけで最近はどんどんエスカレート。筑前煮を作る時。ゴボウやらニンジンやらを鍋の上からハサミでジョキジョキ切りつつ投入したりしております。一人暮らしでちょこっと作ればいいものなんて、実はほとんどハサミでいけちゃったりするんですよ。

つまり、ハサミでいける時はもう全部ハサミでやってしまおうと。で、それじゃあ追いつかない時、つまりは千切りやみじん切りにしたい時は、おもむろに包丁とまな板に登場してもらう。

そう思うだけで料理は随分と楽で身近なものになります。ハサミなら子供でも使えるしね。

なーんて思っていたら、気づけばどんどん包丁の出番が少なくなっているのでした。考えてみりゃそれほど細かく切る必要なんてないかなと。口の中でよく噛めばいいやと。

ただしタマネギだけはダメですよ！　あれをハサミで切ったら号泣間違いなしですから……。

《木のスプーン》

就職して一人暮らしを始めた時、姉がキッチンツール一式をプレゼントしてくれました。おたま、フライ返し、泡立て器。そして母がカトラリー一式を。スプーンやフォーク、ナイフ。これで一人であっても「まともな暮らし」ができると、ずいぶん心強かったものです。

しかし、このたびの引越しにあたり、これを全部処分いたしました。ちょっと心が痛んだけれど、30年近く使ってきましたから許していただくことにで、代わりに小さな木のスプーン1個を買いました。

今、料理も、食事も、すべてこのスプーンで賄っています。つまり、これ一つあれば何でも作って食べられる。これがなかなか具合がいいのです。

一人分の料理なので、小さな鍋をかき混ぜるのはこれで十分。鍋にカンカン当たることがないのも気持ちがいい。そして、それをチャチャッと洗い、食べるときも使う。やはり口当たりが柔らかいので気持ちがいいのです。

こんなこと、「常識」的に見れば行儀が悪いのかもしれません。

でもね、私たちはもうあまりにも、あらゆるところから「これがなきゃだめだ」「これがあれば便利」「これがあればワンランク上の暮らしが！」と言われ続け、そしてあまりにもそれを信じすぎてきたのではないでしょうか。その結果、本当に私たちは幸せになったのでしょうか。

このスプーンは、私のレジスタンスです。

何が自分にとって必要かは。自分で決めていいのだと思うのです。

8

最高の食卓は10分もあればできる

家事論争でもめるという愚

◎ で、いったい誰が作るのか

先日の新聞に、こんな記事が載っていた。

現代の働くお母さんの悩みと、それを応援する人々を追った記事。お母さんたちがなぜ大変なのかをとてもうまく代弁していたのが、インタビューに答えていたある女性のセリフである。

「問題なのはロールモデルがいないこと」

「雑誌に載っているような人は、完璧すぎて参考にならない」

「家族の食事は宅配で済ませたっていいじゃない。そう言うだけで、楽になる人がたくさんいるんです」

家族を持たぬ私ではあるが、なるほどなあと唸ってしまった。

今少なからぬ人が、かなり深刻に「食べること」に苦しんでいる。いや、正確に言うと「作ること」に苦しんでいる。

食べることは楽しい。美味しいものが食べたい。情報化社会の中で、その思いは増大する一方だ。でも、美味しいものを作るのは大変なのである。

つまりは、美味しいものが食べたいと思えば思うほど、それを作るのは「大仕事」になっていく。

で、それを一体誰が料理するわけ？


もし仕事を抱えた人（そしてそれは主に女性である！）が連日家族の食事をせっせと作るとなると、それはもう全くとんでもない大仕事としか言いようがない。「宅配で済ませたっていい」と割り切って何が悪いの？　だって私だっていろいろ大変なんだよ？　仕事も頑張って、クタクタになって帰ってきたら、そこから家族みんなが笑顔になるような素敵な食卓を作れですと？　しかも毎日？　いやいやもう出来ませんよそんなこと。スーパーマンじゃないんだよ……と言いたい気持ち、全くもって本当に本当にごもっともだと思います。それは当然の怒りです。


しかし。私は思うのである。

世の中にはこの二者択一しかないのだろうか？

お母さん手作りの素敵な食卓か。

それとも宅配か。


第1章にも書いたけれど、別の道があってもいいんじゃないだろうか。


雑誌で紹介されているような「デキる主婦の素敵な食卓」なんかじゃなくて全然いいんだとしたら。作るのが簡単で、お金もかからず、ワンパターンで献立に悩む時間もいらない、しかも美味しい――貴重なお金を使って宅配業者に頼まなくても、そんなご飯が毎日食べられるとしたらどうだろう？

もちろん、何を選ぶかは自由である。

しかしそういう選択肢もあるってことを知っておいても損はないと思うのだ。


いや、もっとはっきり言おう。

本当は、私はこう強く言いたいのだ。

自分の食べるものを自分で作る。それは、自由への扉だ。

あなたはその自由を手放してはいけない。

◎ 男も黙って味噌を溶かせ

ここで、さらにはっきりとさせておきたい。

この本は「料理は女性が作るもの」という前提で話が進んでいるように思われる方がいるかもしれない。

確かに第3章で「女は黙って味噌を湯で溶かす」などというタイトルをつけてしまった。

しかしここでいう「女」とは私のことである。

単に、独身である私自身が「黙って味噌を溶かす」暮らしをしているということを写実的に説明したにすぎない。間違っても「女は黙って味噌を溶かせ」、つまりは女は黙って家族全員の料理を黙々と作るべきデアルなどと言いたいわけではないのだ。

「男も黙って味噌を溶かせ」。私はそう思っている。

さらに言えば大人だけじゃない。子供だって、自分の身の回りのことが自分でできる年齢になったなら「黙って味噌を溶かせ」と思っている。

なぜって先ほども書いたように、料理は自由への扉だから。誰であれ自由を手に入れたければ何よりもまず黙って味噌を溶かすことだ。

毎日じゃなくたっていい。でもいざとなれば自分の力で最高の食卓を用意できる。その力を失ってはならない。何よりも自分自身のために。

考えてみてほしい。今の世の中で、確かなものなどどこにあるだろう。

10年後のことは誰にも想像がつかない。そんな時代である。しかも、どうも「ラクな方向」には行かない感じである。年金だって保証されそうにない。会社だってどうなるかわからない。もっと大きく言えば世界情勢もなんだか暗い様相を呈している。だから誰もが不安を抱えて生きている。別に欲張っているわけじゃないのだ。ただ単に人生の最後までそんなにひどいことにならずに走り抜けたいだけなのに、そんなささやかな願いすら叶わないのではと、多くの人が真面目に、真剣に心配している。

しかしですね、つまるところ、そんなふうに心配になってしまうのは、自分に自信が持てないからではないだろうか。自分が無力だと思っているからではないだろうか。

いやいや、あなたは無力なんかじゃありません。

そう料理することさえできたなら。いざとなれば、わずかなお金さえあれば自分で自分を機嫌良く「食わせていく」ことができたなら。

それさえできれば、会社にリストラされようと、どのような天変地異が起ころうと、家賃が払えなくなってコンビニのない田舎に引っ越すことになろうと、親や連れ合いに捨てられようと、先立たれようと、天涯孤独の身になろうと、「まあなんとかなるさ」と前を向いて生きていけるのではなかろうか。

あなたはその力を手放してはいけないのだ。

料理は取りに行け！

だから、この先行き全く不透明な現代においては、もしあなたの妻や夫や親が、「料理は自分がするのであなたは何もしなくていい」と提案してきたら、あなたは感謝の意を表しつつ、断固として、こうお断りをするべきなのである。

「私の自由を奪わないでください（君は私を陥れる気か？）」と。

家事は取りに行け。
料理は取りに行け。

私は真剣にそう思っている。
ご飯を炊く。味噌汁を作る。それだけのことだ。
本当は家族みんなが「今日のご飯は自分が作る」と争わねばならない。

やってみればわかる。料理なんて簡単だ。でも、簡単だけどやればやるほどその奥深さが見えてくる。食材のありがたさ、季節の恵みにも心が向く。それをきちんと美味しく調理することの難しさもわかってくる。それがわかると、誰かが料理を作ってくれるということのありがたさもわかる。そうなれば人が助け合いながら生きていくということの素晴らしさも見えてくる。

そこまでわかった時に初めて、生きていることの素晴らしさが見えてくる。そして、人を助けようという気持ちも自然に湧いてくる。

それを「自由」と言うんじゃないだろうか。

私の10分クッキング

でも現実は、世の中にはそこいらじゅうに「料理をしたがらない人」が溢れている。それはなぜなのだろう。楽をしたいから？　面倒なことは誰かに押し付けたい？　本当にそれだけなのかしら。

希望的な観測に過ぎるかもしれないが、私の知る「料理をしない人」の多くは、心の底では「料理ができたら楽しいかも」「料理ができる人って羨ましい」という憧れを抱いている気がするのである。でもいざとなると、なかなか一歩が踏み出せない。

それは結局のところ、「料理って大変だ」「難しい」「時間がかかる」という思い込みによるものが大きいのではないだろうか。もうちょっと具体的に言えば「美味しいものを作るのは大変だ（まずいものならともかく）」と思われているからなんじゃないでしょうか。

で、全くそんなことはないのです。簡単だから、時間をかけないからといって、イマイチなものしか食べられないなんてことは全然ないのである。

なのでここで、その具体的な実例として、改めて私の「10分クッキング」の実態を紹介したい。

①帰宅する
②湯を沸かす

③味噌汁の具（ワカメや麩など）と味噌を椀に入れる
④ぬか床から野菜を取り出して切る
⑤湯が沸いたらお椀に注ぐ
⑥おひつからご飯をよそう
……「いただきます！」

これが基本である。
10分どころか5分しかかからない。

で、本当はこれだけでもいいけれど、まだ5分余っている。なので、まあもう一品作ることにするかと考えることも可能である（もちろん考えなくてもいい）。
で、そのプラスαの「5分クッキング」だが、これには二つの方法がある。

《その場で作る》

炒め物や焼き物、まずはこれでしょう。簡単。すぐできる。間違いない。
肉や魚なら話は早い。塩をふって焼く。以上。あとは食べるときにポン酢などで好きに味つけをすればよろしい。さらに簡単なのは干物。これはもう焼くだけだからね。

野菜となると少しだけ時間がかかる。なのでその場合の「超時短クッキング」のポイントは、使用する野菜を干しておくこと。例えば厚揚げとキャベツの味噌炒めを作りたいときは、朝家を出る時に、キャベツをあらかじめカットして日の当たるベランダのザルの上に置いておく。

すると、帰宅した時にはキャベツがシナシナになっている。

なんども言いますが、これは断じて「しなびた」わけじゃありませんよ！ありがたき太陽さまが、黙々と途中まで調理をしてくださったのです。これも何度も言いますが、太陽というのは「強火の遠火」。しかも無料です。これを使わぬ手などありましょうか。

で、ここまでくれば炒め物など瞬時に完成です。油を熱したフライパンに厚揚げと干しキャベツを投入し、味噌と酒を振り入れてチャチャッと混ぜれば、ものの数分で出来上がり。

もちろん野菜は何でも。タマネギ、ネギ、白菜、ナス、ピーマン、キノコ、インゲンなど、すべてこの方法で短時間でうまいこと炒め物ができます。時間が短縮されるだけでなく、水分が飛んでいるのでべちゃべちゃになることもないし、味も濃くてとっても美味しい炒め物が完成します。

丸い野菜でも、この方法は応用可能です。

カボチャ、長イモなどを焼いて食べたい時、スライスして事前に干しておく。それをフライパンでジージー焼いて塩や醤油や味噌で味をつけると、短時間でホクホク美味しい焼き野菜の完成です。味噌をつけたりポン酢をかけたり。

《事前に仕込んでおく》

煮物など、じっくり時間をかけて作るものが食べたいときの方法。

こういう料理を毎食作ると非常に時間がかかってしまい、かなりの負担だ。料理をやりたくなくなって当然である。

なので、例えば日中は会社や学校に出かけるという人ならば、朝家を出る前、鍋に材料と水と調味料を入れて沸騰させた後、タオルや布団で包んでおけば良い。帰宅した時には材料にじんわりゆっくりと火が通り、味も染みて、ほぼ完成しているというわけ。

あとは必要に応じて火を入れたり味を整えたりするだけ。

つまりは「時間」という資源に活躍してもらうというわけですな。

応用バージョンとして、たっぷりの汁物をメーンに食べたい時も、事前に仕込んでおくと圧倒的にラクである。

いや仕込みといったってたいしたことはない。朝、鍋に残り物の野菜やお好みで肉や魚を適当にカットして放り込み、水を入れて蓋をして沸騰させてから、やはり厚手の布でくるんでおく。

すると夕方帰宅した時には十分柔らかくなっているので、それを再び沸騰させ、味噌なり塩なり醬油なりで味を付ければ具沢山のスープがたちまち完成だ。

こんがり焼いたパンとワインでも添えれば洒落た食卓の完成である。

さらに、あらかじめ入れておく具の一つに硬くなったご飯を加えれば「おじや」となる。

冬の寒い日の夜、ドロドロ熱々のおじやをフーフーして食べながらゆるりと燗酒を飲むのは至福のひと時。

《おまけ》

夏の食卓では、火を使わない料理もおすすめです。何といっても切るだけで完成ですからね！

私がよくやるのが、ぬか漬けを使った簡単クッキング。まあクッキングというほどのことでもない。サラダの応用編といったところか。

ぬか漬けを適当に切って、生で食べられる野菜（レタス、トマト、ピーマン、カイワレなど）と混ぜて、オリーブオイルとポン酢をかけて食べる。

ここに茹でたそばやそうめんを入れれば、ご飯が重くて食べにくいなあと感じる食欲のない日の、とても爽やかな主食兼おかずになる。

さらにこの「ぬか漬け＋α」を応用すると、なんだか気の利いた風な酒の肴がじゃんじゃんできてしまう。

例えば、ぬか漬け＆チーズ。

例えば、ぬか漬け＆オリーブオイル。

例えば、ぬか漬け＆ラー油。

個人的にはここに黒胡椒などかけると気が利いた風になると思う。

またぬか漬けがなくとも、発酵食品を生野菜と合わせるだけで最高の夏の酒のお供になる。

セロリやカブや大根やニンジンやキュウリやピーマンやプチトマトなど、生で食べられる野菜に味噌やチーズを添える。あ、つまりは「野菜スティック」ですね(笑)。要するにスティックに添えるのはマヨネーズだけじゃないのでありますす。もちろんマヨネーズでも。あるいは塩だけでも。まあつまりは何でもいいんです。

あと、「塩もみ」という料理もあります。

野菜を細く切って塩でもむ。それだけでもいいし、オイルや酢をかけても。塩の代わりに「塩昆布」でもむのもおすすめです。例えば千切りの白菜を塩昆布でもむと、量も減ってたっぷりの白菜がモリモリ食べられます。上からオリーブオイルやすりゴマをかけても実に美味しい。

◎ 自立って「食っていく」こと

どうでしょう。これなら、年齢や性別に限らず、「自分で食べるものは自分で作る」ことができると思うんだけどなあ。

例えばね、学校や会社にお弁当を持って行く。お母さんに作ってもらうのもいいけれど、自分で作ることだってできるのです。ご飯さえあれば、弁当箱にそれをつめて、真ん中に梅干しをポトリ。個人的にはこれだけでもいいけれど、若い人の場合はそれじゃあ物足りないと思うので、ぬか床から野菜を取り出して適当に切ってタッパーへ。肉っ気が欲しければそこにウインナーでもレンジでチンの唐揚げでも放り込めば良い。それから、ラップに味噌と干しワカメをクルクルッとてるてる坊主みたいに巻いてカップを持参して、お湯を足せばホカホカの味噌汁が食べられる。つまりは立派な定食の出来上がりです。こんな弁当ならまさに10分もあれば自分で作れます。

そんなことが普通にできるようになったら、次は自分でご飯を炊いてみたらどうでしょう。炊飯器があればそれを使えば簡単だし、炊飯器がなくても鍋があれば炊ける（第2章参照）。ホカホカご飯を自分で炊けたら嬉しくなっておにぎりが握りたくなるかもしれない。好きな大きさや形にぎゅうっと握って中に梅干しでもおかか醬油でも入れて海苔で包んで、あとはぬか漬けとウインナーと味噌玉……って、つまりはワンパターンだな（笑）。でも絶対おいしいよ。間違いなく。で、ご飯を多めに炊いておけば、それは自分だけじゃなくて家族みんなが食べられる。誰かのお弁当になるかもしれない。そうしたらきっとすごく感謝されます。

誰かに何かをしてもらうことも幸せだけど、誰かに何かをして喜ばれることってもっと幸せです。

そうやって家族みんなが料理をしたりされたり……っていうふうにできたらすごいと思うんだけど、どうかなあ。

自立するということ。自分の足で立つということ。それはしんどいこともあるけれど、誰もが本当はものすごく憧れていることに違いない。

なぜならばそれはつまるところ、自立することができれば、自分に自信が湧いてくるからだ。何があってもなんとかなる。自分の力で生きていける。それって自由だし、かっこいい。何より自分自身が気持ちがいい。

で、自立って、つまるところ自分の力で食っていくことです。

自立というと「お金を稼ぐこと」と思われているけれど、それは自立のための一つの手段に過ぎないのではないでしょうか。つまり、お金を稼ぐだけじゃ自立しているとは言えない。稼いだお金をうまく使って、自分で自分をちゃんと「食わせていく」ということができて、初めて自立なんじゃないかと思う。

で、その力はすべて自分の中にあるのです。その力を投げ捨てちゃいけない。大丈夫。全然難しくなんかない。きっと世界が変わります。

だから、レッツ料理。

エピローグ　自由を取り戻すために

食べることは誰だって大好きだ。それは思想も宗教も性別も関係のない、この混迷する世界では数少ない平和な世界である……はずだった。

そうなんだ。

だってこのところのチマタの「食べること」をめぐる話題を見ていると、なんだかちっとも平和じゃないのである。

現代の料理をめぐる世界は、実に両極端。

一つは、料理自慢の世界である。

我がフェイスブックを開けば、いつだって「こんな素敵な料理を作っちゃいました〜」という情報が溢れかえっている（実は私もよくやる）。

それは何のたわいもない話題だ。誰に悪気があるわけでもない。だって誰だって、見るからにおいしそうな料理を頑張って作ったら、「見て見て！」と言いたくなって当然である。

しかし、それがいったん情報という形で出回るようになると、それは発信者の思いもよらぬところで静かにモンスター化していく。

あの人はあんなにすごい料理を作っている。あの人も、あの人も……。なんて素敵なんだろう。なんてすごいんだろう。なのに私はどうなんだ。こんなものしか作れない。私はダメなんだろうか。

それは、最初は本人も意識しないほどの小さなシミのような思いに過ぎない。ところが日々そんな映像を眺め続けていると、そのちょっとした惨めさは次第に暴力的なレベルまで拡大していく。誰もが自分の暮らしを劇場化するＳＮＳの時代は人と人とをつなげる一方で、そんなリアルな重圧を静かに拡散していく時代でもある。

そしてみんな、懸命に頑張り始める。

どんなに忙しくても、疲れていても、時間がなくても、どこぞの気の利いたバルで登場するような手の込んだ料理を机にずらりと並べようとし始める。気の遠くなるようなキャラ弁にまで手を出す人もいる。

しかし料理とは日々の行為だ。一日頑張ってもそれで終わりというわけにはいかない。今日も、明日も、そしてまたその次の日も……どこまで続くぬかるみぞ。もちろん料理が趣味という人はそれこそが楽しみなのだ。

しかしそうじゃない人にとっては、これはどう考えたって地獄そのものである。

だから当然のことながら「もうやっとれんわ！」という反乱ののろしが上がる。漫画家の西原理恵子さんが、ステキでもオシャレでもないリアルな子育てをセルフ・ドキュメントした「毎日かあさん」が熱い支持を受けたのは、そんな女性たちの思いをきっぱりと代弁していたからだろう。

「子どもは汚くていいんです。部屋も汚くてもいいんです。店屋物でもいいんです。いちばんは、お互いが笑顔でいることとです」

ズバリと言い切ってもらい、救われた人がいかに多かったことか。

そんな中、「料理なんてやらなくたっていいじゃない」という声が少しずつ大きくなり始めている。

スーパーやコンビニで調理済みのおかずを買う人は前からいた。でも少し前まで、それは学生や単身赴任のお父さんが買うものだった。最近は、普通の家庭の食卓にもこうしたおかずが当たり前に進出している。配食サービスも、料理を作れなくなった高齢者ではなく共働き家庭が普通に利用するようになった。以前はお金持ち向けと思われていた「家事代行サービス」も、一般の人が利用しやすいよう低価格化が進み、利用者もうなぎのぼりである。

つまりは、現代の世の中はどうも二種類の人に分かれているのだ。
一つは、毎日毎日キラキラした料理を頑張って作り続ける人たち。
もう一つは、もう料理なんかしたくないという人たち。

私がこの本で伝えたかったのは、このどちらでもない、第三の道があるんじゃないかということだ。

プロローグにも書いたが、私が会社を辞めて自由の身になることができたのは、貯金があったからでも、何か特別な才能があったからでもない。

それは料理ができたからだ。

そしてそれは、全然キラキラした料理なんかじゃない。

簡単で、質素で、誰でもできるワンパターンの料理だ。

そしてそれを心から美味しいと思える自分に気づいたのである。

そうなんだ。私は生まれて初めて「自分が本当に美味しいと思うもの」を発見したのである。私はずっと、それはまだ見ぬどこかのレシピ本に載っている何か特別な料理、あるいはどこかの誰かが「どうです、美味しそうでしょう」とすすめてくれる料理、あるいはどこかの予約の取りにくいレストランで食べるスペシャルメニューなんだと思っていた。

つまりは「ここではないどこかにある特別な何か」だと思っていたのである。ところが全然そうじゃなかったのだ。

それは、自分自身の手で本当に簡単に作り出すことができるものだった。

そう知った時、私は自分が幸せになるために必要なことを、実はすべて手中に収めていることに気づいたのである。

私たちはいつだって誰だって、ずっと豊かになりたいと思ってきた。

そして、食べることは豊かさの象徴だったが故に、私たちはいつの間にか懸命に上ばかりを見て、足元を見ることを忘れていたんじゃないだろうか。

でも、全てはすでに足元にあったのである。

料理なんて簡単だ。そしてそこには無限の自由がある。

コンビニで買う自由？　いやいや、自由ってそんなもんじゃないんだよ。そこで売られているものは「多くの人が一般的に好きそうなもの（つまりは売れそうなもの）」である。それを日々食べ続けることに慣れてしまうと、あなたは自分で自分の好きなものがわからなくなってくる。つまりは「一般的に誰もが好きそうなもの」を自分も好きになるしかない。好きになれない場合は、それに慣れるしかない。

それは地獄ではないかもしれないが、ある種の牢獄だ。自分で自分を牢屋に入れてはならない。

あなたは自分で好きなものを自分で作って食べることができる。それは決して特別な技術や能力が必要なことなんかじゃない。誰に頼らなくてもいい。誰に文句を言う必要もない。食べることは人生の土台だ。ここがしっかりしていたら、どんな辛いことがあっても、誰かに裏切られても、一人ぼっちになっても、だいたいは大丈夫なのである。

　息苦しい世の中で、少なからぬ人が「こんなはずじゃなかった」と人を呪いながら生きている。でも料理ができるあなたは、そんな世界とは無縁である。どんな状況にあっても自分の足ですっくと立って、背筋を伸ばして歩いていくことができる。そんなことができたなら、何を恐れることがあるだろう。

　これを自由というんじゃないだろうか。


　最後に、一つの文章を紹介したいと思う。

『チープ・シック』というファッションの本がある。お金など全然かけなくたって、自由に、好きなように、素敵なファッションを楽しめるのだと説く70年代のアメリカで発行された名著だ。

　その冒頭の文章を読み、私は「これってファッションだけのことじゃないよ！」と思ったのである。それは自由について書かれた文章であった。この情報と見栄と競争と悲しみが渦巻く現代社会で、ファッションというものを見つめ直すことで、いかに自由に軽やかに生きられるかを書いた素晴らしい文章であった。

それは、現代を生きる私たちにとっても普遍的に必要な哲学である。

なのでその文章を、「ファッション」を「食べること」に置き換えて書いてみた。そう、私はこんな本を作りたかったのだ。


あなたが自分に合った「美味しいもの」を食べたければ、この一冊あれば、十分。一番新しい「食べ方」の考え方がわかります。あなた自身が、自分のために自分で作り出す「食」のスタイルについて書いてみたのが、この本です。雑誌やネットの情報や広告に命令されて何を食べるのかを決める時代は、もう終わってます。自分がなにを食べれば本当の自分になるのか、どんな食べ方をすれば自分が一番ひきたつのか、もっともよく知っているのは、なんといったって自分自身です。あなたの食べるものは、あなたが自分でえらびとっている自分自身の生き方にぴったりそったものであるべきなのです。グルメ雑誌の反映になってしまっているなんて、とても生き方とは言えません。調和のよくないいろんな食材や調味料をごちゃ混ぜにいっぱい持つのは、やめましょう。食べていてとても気分の良くなってくるような食材を、数少なくてもいいからきちんと揃えて、自分のスタイルの基本にしましょう。食べていると気分が良く、自分に自信がわいてきて、セクシーになり、素敵に見えてハッピーになれるような食べ物を、昔からの仲の良い友達と同じように、いつまでも大事にしていくのです。

以上。最後まで読んでいただきありがとうございました。
自由を、取り戻せ。

文庫版のためのあとがき

『もうレシピ本はいらない』は、私の本の中では最も多くの方に買っていただいた本である。思わぬ反響に「みんな困ってるんですよ！」と担当編集者も興奮気味であった。

確かにそういうことなのだと思う。

現代の家庭料理は実に大変なことになっている。美味しいもの情報はますます溢れ、それはウキウキすることではあるけれど、日々美味しいものを作らねばという家庭料理人のプレッシャーは高まる一方。便利な道具も食材もドコドコ売り出されてはいるけれど、むしろそれを使って新たな料理を作らなきゃいけなくなったりして事態は複雑かつ泥沼化。そのワナからいかに抜け出すかは、当事者にとってはどんな政治・経済・社会問題にも負けず劣らず大問題なのだ。

なのでその大問題をひょんなことから解決してしまった我が体験が、どなたかの人生をほんの少しでもお救いすることができたのなら、私も生きている意味があったというものである。

で、反響の大きさが高じてなんと「料理レシピ本大賞」のエッセイ賞まで受賞してしまった。「レシピ本はいらない」と書いた本でレシピ本大賞！　こりゃすんごいと喜んで授賞式に出かけたはいいが、よく考えたら受賞者の方や出版社の方はレシピ本作りをナリワイとされているのであり、これぞ「針のむしろ」と気づいた時はすでに遅し。

スピーチでは慌てて「別にレシピ本に喧嘩を売ってるわけじゃなく……」と言い訳したものの、フツーに考えれば喧嘩しか売ってないと思われて当然で、たちまちシドロモドロ。他の受賞者の方に「私、レシピ本はやっぱりいると思います！」などとスピーチされてしまい、身を縮めて早々に会場を後にしたのであった。

なので、この機会に改めて丁寧に説明させていただく。

私自身、レシピ本には若い頃から散々お世話になってきた。それなしに料理という素晴らしい習慣を身につけることはできなかったことはどう考えても間違いない。なのでレシピ本の存在そのものを否定しているわけではない。それどころか感謝の気持ちでいっぱいだ。

ただ問題なのは、世にレシピ情報が溢れかえるほどに、いつの間にか「料理はレシピがないと作れないもの」ってことが社会常識になってしまったことである。本当は、レシピを見て料理を繰り返した先に、「レシピを見なくても料理できる人」がどんどこ誕生するべきなのだ。

でも現実はなかなかそうなっていない。レシピ本を散々活用していた私も、そんな「レシピなしで料理する」なんて夢みたいなことができるのはめちゃくちゃセンスのある特別な人だけで、私には到底無縁と決めつけていた。でも実際には、家庭料理ってものに対する発想をちょっと変えるだけで、凡人（私）でも「そこらにあるもの」で自分の食べたいものをパパッと作れるようになれたのである。

で、そうなってみると、それがいかに素晴らしいことかと驚かざるを得ないのだった。だってレシピに頼っていた時は、そもそも「自分の食べたいもの」が何かをただの一度とてちゃんと考えてこなかったんですよね、考えてみれば。

与えられたレシピの中から作るものを選ぶなら外食と同じである。つまり私は今になって人生で初めて、「自分が本当に食べたいものを食べる自由」を手に入れたのだ。これを幸せと言わずしてなんと言う？

なのでレシピ本に関わる人には、そんなことを頭の片隅に入れていただけたらと切に思うのである。レシピ通りに料理すればするほどレシピから離れられなくなるんじゃなくて、そのレシピ本を読むことで、レシピを見なくても自由に料理できるようになるヒントをほんのひとさじ、わかりやすく混ぜていただけないかと強く願うものである。

その結果、年齢性別問わず当たり前に自由に気軽に料理できる人が増えたなら、世の中はもっと風通し良くなるんじゃないかしら。

最後に、この本を書いてから6年たった今の我が料理ですが、ますます地味になる一方だ。正直、この本に収められた我が食卓の写真を見て、「こんな派手なもん食べてたのか！」と驚いてしまった。今じゃ「おかず」ってものをほぼ作らなくなった。その分、汁がボリュームアップ。つまりは何でもかんでも汁に放り込んでいる。これがまたうまいのよ。

かくして「うまい・安い・早い」はますますエスカレート。この調子で行けば年を重ねるごとに我が料理はどんどん簡素なものになっていくに違いなく、最後はカスミを食べてキャッキャと喜んでいる自分がいそうである。そう想像するだけで老後が何だか楽しみになってくる今日この頃である。

解説

赤江珠緒

何と気づきの多い、勇気づけられる一冊だろう。

私は、この本を読んで、昔読んだメーテルリンクの「青い鳥」を、思い出した。チルチルとミチルが幸せの青い鳥を探して旅をするというあのお話。

子供心に、「ふーん。青い鳥ね〜。これは、どういう意味かね〜。要は、幸せって実は身近にあるってことかい？」ぐらいに漠然と理解していたあのお話。

今回、数十年の時を経て、「いや。ほんとに青い鳥って、思ったより近いところにいるんじゃない？」「えっ？　えっ？　稲垣さん、青い鳥見つけちゃってる？」「もしかしたら、私の青い鳥も、そんなに遠くに探しに行くものではないのでは⁉」と、あの名作の解答に出会ってしまったかのような感覚になった。料理本を読み始めたつもりが、まさかの冒険ものを読んだかのような心持ちだ。

これはすごい本だ。

この本と私の出会いについてお話しするために、少し個人的な話をさせていただきたい。

私は姉、弟に挟まれた次女。

父はモーレツサラリーマン時代のサラリーマン、母は専業主婦という、昭和によくみられたごくごくありふれた家庭の子供だ。

姉弟とは子犬がじゃれあうように育ち、特段、贅沢な暮らしをしたとも思わないが、日々の食卓の豪華さに関しては、とても恵まれていたと思う。

母はとにかく料理が上手だったからだ。

ただ、父に嫁いだ時には、割とお嬢さん育ちだったからか、さほどでもなかったとも聞いた。

「料理の腕は大したことないんだから、せめて器だけは良いものを使いなさい」

と祖父が大枚をはたいて持たせた嫁入り道具のお皿は、一介のサラリーマンの父との暮らしには不釣り合いだったなんていう思い出話も聞いたことがある。

そこから察するに、おそらく当初はそれほどの腕前でもなかったのだと思う。


しかし、私が物心ついた頃には、子供の喜びそうな洋食を作ったり、旬のものをあれこれ工夫して出したり、突然の来客にも手際よく小鉢を作り、天ぷらを揚げ、その間につまみや、ちょっとした箸休め、メイン料理の二本立て、なんていう感じで魔法のようにご飯が出てくる状況になっており、子供心にも「母の料理は間違いがない」と思っていた。

だから、稲垣さんのお母様のエピソードは、そんな母の若かりし頃が一気に思い出され、切なかった。お母さまの途方にくれる哀しみ、稲垣さんの娘さんとしての怒り、そこから湧き上がる、若い元気な時にしかできない「料理」って果たしてなんだ?という疑問。

とてもよく分かった。

専業主婦として、料理本に書き込みをし付箋を貼り、さらにTVの料理番組をメモして作ったレシピをさらに追加、勉強や研究を日々重ねて、その域にたどり着いたという形跡が、うちの母にも確かにあったからだ。

その努力たるや、どれ程のものだったろうか。

そして、その魔法のように出てくるご飯を、当たり前のように享受していた私はというと、お陰様でそれなりに舌は肥えたものの、その技術やノウハウを受け継ぐこともなく、齢47歳の現在である。

いまだに母に作ってもらったおせちを送ってもらったりする、すねかじりまくりの、料理に関してどこか後ろめたい気持ちがぬぐえない大人になってしまった。

仕事ばかりしてきて、大して台所に立っているとも思えない。

それでも、「料理は愛情」「聡明な女は料理がうまい」という先人の言葉は、おっしゃる通りだとも思う。そして、そんな料理上手な人への憧れだけは募り、私も、いつかは人様をいつでももてなせる人間になりたい！などと夢見てきた。

そんな見果てぬ夢が、私に本屋さんで料理本を次々と購入させるに至った。

一体、もう何冊の料理本が家にあるだろう。ちょっとした本屋さんぐらいはあるのでは？

そう、母とは違い、買って目を通し妄想しただけの本が……。

その後、高齢出産で一人娘ができた。これはいかん！と、台所に立つ時間もそれなりに増えはしたが、レパートリーが増えない。ただでさえ時間がないと慌だしく台所に立っている時に、自分の頭に入っていない料理を、作ろうという気力がそもそもない。

そんな時、使わない料理本の山をみると、むしろ自己嫌悪にすらなる。こうなると、もはや、なんのための料理本なのか、料理本にも申し訳がない。


そんな日々の中、本屋さんで目に入ったのが、『もうレシピ本はいらない』のタイトルだった。自分の胸の内のもやもやを表現してくれているかのようなタイトルに引き寄せられた。そして、一気に読んだ。

驚いた。目から鱗！　いや、それ盲点でした！という読後感。

なんというか、全ての概念がひっくり返される思いだった。

たとえるなら、自分の体が袋だとしたら、まさに内側を外にして裏返しにされた⁉というぐらい、生きることへの概念を根本から覆された。

稲垣さんはプロローグでおっしゃっている。

「自分に自由をもたらしたのは、お金でも資産でもなく特別な才能でもない。料理する力。自分一人が機嫌よく食っていくのに必要なものを知り、自分で自分を食わせていくことができること」だと。

自由って素敵だ。突き詰めると子供の時から、「自由」を求めて、そのために勉強し働いてきたのではと私も思う。でも、その追い求めてきたものは意外にもこんなにも身近なところにあった。そう。自由とは料理をする力。自分を満足させて食わせられる本当の意味での自活。

「食べることは生きること。生きるって懸命な努力が必要なぐらい複雑で大変なことじゃなきゃいけないのでしょうか」

本当にその通りだ。私自身、稲垣さんのシンプルな食卓の料理が、読んでいてたまらなくおいしそうだと思う。年齢のせいもあるかもしれないが、米、味噌、醬油、出汁の味。淡泊、質素、地味目なものを日々食したい。そりゃたまには、ガツンと！もいいかもしれない。でも、おっしゃる通り、豪華な料理、毎日違うものを食べなきゃいけない理由がどこにあるだろう。

本来、毎日違うものを食べるというのは豊かさであり喜びだ。ただ、それが毎日違うものを食べなきゃいけないという義務に変わった途端、とても苦しいものになる。

食べてすぐに、「今日の晩御飯何がいい？」と献立を考える質問をされると、「うっ」となる感じ、暮らしに本当に必要だろうか。

天日干しの野菜、最高だ。ぬか漬け、やっぱりやろう。

ご飯を炊くのに、確かに、計量カップがないとできないってなんだ？


私の子供は食が旺盛で、グラタン、ハンバーグなどお子様大好きメニューが食べたいという日もあるだろう。

なので、稲垣さんと同じことはできないかもしれない。でも確実に私には私の青い鳥が近くにいることをこの本は教えてくれた。それぞれが、それぞれに、自分を満足させられる料理があるはずだ。

自分のことは自分で満足させるのだ。そして、それができるということが、きっと自由で、とてつもなく安心をもたらす。

自分で自分を幸せにする力。そのためには、まず自分が何で幸せになるかを知ること。

そして自分で生きていく。

「自由」ってそういうこと。青い鳥って、そういうことじゃないだろうか。稲垣さん！　メーテルリンクの漠然とした問いが、数十年越しに解けた気がしました。

——フリーアナウンサー

口絵写真＊稲垣えみ子
本文デザイン＊アルビレオ
イラストレーション＊鹿又きょうこ
DTP＊美創

本書は二〇一七年九月マガジンハウスより刊行されたものです。

幻冬舎文庫

●最新刊
みがわり
青山七恵

ファンを名乗る主婦から、亡くなった姉の伝記執筆を依頼された作家の律。姉は生前の姿形が律と瓜二つだったという。伝記を書き進めるうち、依頼主の企みに気づいた律。姉は本当に死んだのか。

●最新刊
#塚森裕太がログアウトしたら
浅原ナオト

高三のバスケ部エース・塚森裕太が突然「ゲイ」だとSNSでカミングアウトした。周囲は騒然とするが反応は好意的。しかし彼の告白に苦しみ、葛藤する者たちもいた。痛みと希望の青春群像劇。

●最新刊
花嫁のれん 老舗破門
小松江里子

金沢の老舗旅館「かぐらや」の女将・奈緒子は今日も大忙し。ある日、亡き大女将の従姉妹がフランスから帰国し居候を始めた。さらに騒ぎを聞いた本家から呼び出され、破門の危機に……。

●最新刊
湯道
小山薫堂

仕事がうまくいかない史朗は、弟が継いでいる実家の「まるきん温泉」を畳んで、一儲けしようと考える。父の葬式にも帰らなかった実家を久しぶりに訪れるが。笑って泣いて心が整う感動の物語。

●最新刊
麦本三歩の好きなもの 第二集
住野よる

新しい年になり、図書館勤めの麦本三歩にも色んな出会いが訪れた。後輩、お隣さん、合コン相手、そしてひとりの先輩には「ある変化」が――!? 心温まる日常小説シリーズ最新刊。全12話。

もうレシピ本《ぼん》はいらない

人生《じんせい》を救《すく》う最強《さいきょう》の食卓《しょくたく》

稲垣《いながき》えみ子《こ》

令和5年1月15日　初版発行
令和5年8月5日　3版発行

発行人——石原正康
編集人——高部真人
発行所——株式会社幻冬舎
〒151-0051東京都渋谷区千駄ヶ谷4-9-7
電話　03(5411)6222(営業)
　　　03(5411)6211(編集)
公式HP　https://www.gentosha.co.jp/
印刷・製本—株式会社　光邦
装丁者——高橋雅之

幻冬舎文庫

ISBN978-4-344-43259-8　C0195　い-72-1

この本に関するご意見・ご感想は、下記アンケートフォームからお寄せください。
https://www.gentosha.co.jp/e/